Fußball: Hyballas Gegenpressing

Paul Geerars

FUSSBALL

Hyballas Gegenpressing

Von Bodyguards, Iglu und Harakiri

Meyer & Meyer Verlag

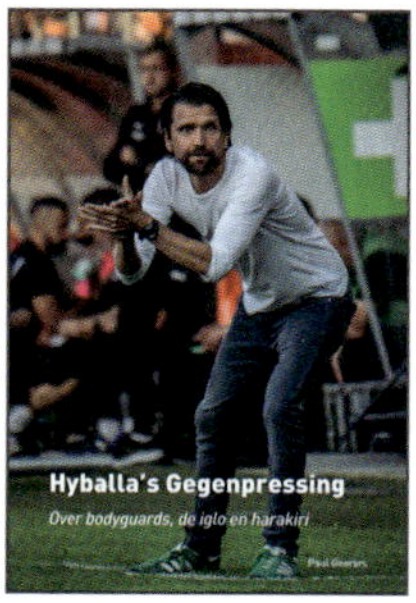

Originaltitel:
Hyballa's Gegenpressing

Verlag: Eisma Businessmedia bv
Autor: Paul Geerars unter Mitarbeit von: Ruud Doevendans
Abbildungen: Tactics Manager (SoccerTutor.com)
Satz: ZeeDesign, Witmarsum
Druck: Scholma, Bedum
Titelbild: Ernö Lelkes
ISBN 9789053220450
NUR-code 480
Website: www.voetbaltrainer.nl
Übersetzung aus dem Niederländischen: Silke Schmidt

Fußball: Hyballas Gegenpressing

Bibliografische Information der Deutschen Nationalbibliothek
Die Deutsche Nationalbibliothek verzeichnet diese Publikation in der Deutschen Nationalbibliografie; detaillierte bibliografische Details sind im Internet über <http://dnb.d-nb.de> abrufbar.

Auckland, Beirut, Dubai, Hägendorf, Hongkong, Indianapolis, Kairo, Kapstadt,
Manila, Maidenhead, Neu-Delhi, Singapur, Sydney, Teheran, Wien

Member of the World Sport Publishers' Association (WSPA)

Gesamtherstellung: Print Consult GmbH, München

FSC
www.fsc.org
MIX
Paper from responsible sources
FSC® C084279

ISBN 978-3-8403-7761-7
E-Mail: verlag@m-m-sports.com
www.dersportverlag.de

Inhalt

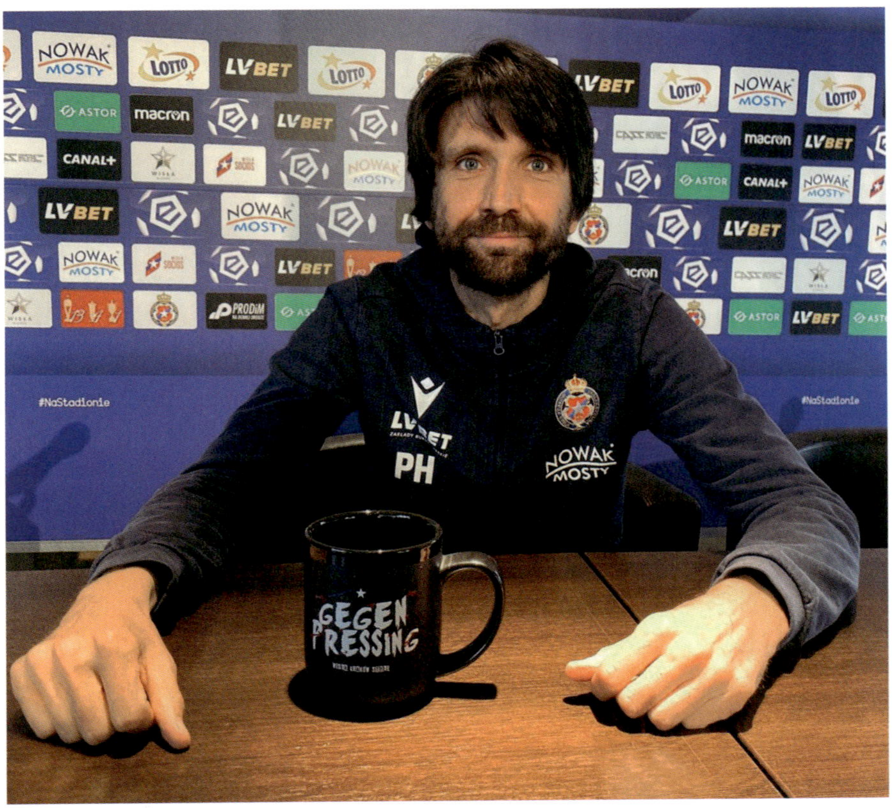

Liebe TrainerInnen,
viel Spaß beim Lesen von Hyballas Gegenpressing.

Vorwort

Ich habe Peter Hyballa als einen Trainer kennengelernt, der sowohl ein gutes Spiel auf Ballbesitz als auch eines gegen den Ball genießen kann, das heißt, das, was seine Mannschaft bei Ballverlust macht. Dass er die Schönheit des Fußballs auch im Ballbesitz sieht, hat sicher auch mit seinem Werdegang als Trainer zu tun, der ihn unter anderem in die Niederlande führte. Persönlich konzentriere ich mich vor allem auf das Spiel ohne Ball, das Umschalten beziehungsweise Gegenpressing. Was macht meine Mannschaft, wenn wir den Ball verlieren? Wie stehen wir dann? Wie verhalten wir uns dann? Darin besteht für mich die Krux des modernen Fußballs.

Deshalb freue ich mich auch über das Erscheinen dieses Buchs, in dem sich Peter Hyballa ausführlich mit dieser Fußballkomponente beschäftigt. Denn es ist kein Geheimnis, dass, abgesehen von Standardsituationen, die meisten Tore im Fußball des 21. Jahrhunderts aus Umschaltmomenten entstehen. Ja, auch bei Mannschaften aus Ländern, die oft auf Ballbesitz spielen, wie etwa die Niederlande und Brasilien. Es ist vollkommen logisch, da der Gegner nach Ballverlust oft unorganisiert ist und man sich dies zunutze machen kann.

Jüngstes Beispiel ist Bayern München. Im Jahr vor dem Gewinn der Champions League hat diese Mannschaft eine wahre Wandlung vollzogen. Selbst Spieler wie Robert Lewandowski, die in erster Linie auf dem Platz stehen, um Tore zu schießen, begriffen allmählich, welch enormer Mehrwert damit verbunden ist, wenn die Mannschaft bei Ballverlust gemeinsam die richtigen Entscheidungen trifft. Bis vor zehn Jahren ließ sich in dieser Situation fast jedes Team nahezu vollständig zurückfallen, um dann aus einer kompakten Formation heraus Druck auszuüben.

Heutzutage genügt das nicht mehr. Stattdessen ist gemeinsame Arbeit gefordert, um den Ball so schnell wie möglich zurückzuerobern. Und kein Spieler darf sich dieser Aufgabe entziehen. Wer es gut macht, dem bieten sich Umschaltmomente, Chancen, Tore und damit Siege.

Auch andere Mannschaften haben es inzwischen gelernt, zum Beispiel Ajax Amsterdam, der niederländische Verein, der in der Saison 2013/2014 von RB Salzburg in einer Partie komplett an die Wand gespielt wurde. Drei Jahre später, als die Amsterdamer unter Peter Bosz hinreißenden Fußball spielten und das Finale der Europa League erreichten, war mir klar, dass sie von der Klatsche gegen die Österreicher viel gelernt hatten. Ajax spielte damals Gegenpressing in stark ausgeprägter Form und hatte Erfolg damit. Sicher, es lag nicht nur am Gegenpressing, doch es trug in hohem Maße dazu bei.

Die haben sich damals gesagt: Wir müssen dieses Element in unseren Fußball integrieren, sonst kommen wir mit den anderen nicht mehr mit. Logisch, denn das ist moderner Fußball. Gegenpressing ist zweifellos die wichtigste Entwicklung der letzten Jahre. Trainer wie Pep Guardiola und Jürgen Klopp haben sie enorm befördert. Klopp meinte einmal: „Mein bester Spielmacher ist Gegenpressing." Das sagt ja wohl genug.

In meiner Zeit bei RB Leipzig hat mich Ralf Rangnick enorm inspiriert. Wir vertreten beide dieselbe Spielphilosophie. Viele Trainer, unter ihnen auch zahlreiche Niederländer, packen das Spiel vom Ballbesitz her an, und viele von ihnen machen es auch wirklich gut. Daneben gibt es eine Gruppe von Trainern, zu der Rangnick und ich gehören, die das Spiel vom Ballverlust her angehen.

Bei RB Leipzig haben wir ständig bis zum Umfallen daran gearbeitet. Wer mit Gegenpressing erfolgreich sein will, muss es automatisieren. Für die Spieler muss es zur zweiten Natur werden.

In Leipzig sind wir zu diesem Zweck von der sogenannten *klassischen Konditionierung* ausgegangen, einer Lerntheorie, die nach ihrem Begründer, dem russischen Wissenschaftler Pawlow, auch Pawlowscher Reflex genannt wird. In einem Experiment ließ Pawlow fünf Sekunden vor der Fütterung seiner Versuchshunde eine Glocke ertönen. Die Hunde produzierten Speichel, doch schon nach kurzer Zeit sabberten sie bereits, sobald sie nur die Glocke hörten. So sollte es auch beim Gegenpressing sein.

Hier muss der Ballverlust „die Glocke" sein, die die Spieler alarmiert. Im Training haben wir dafür unter anderem den „Countdown-Timer" eingesetzt, in Übungen (z. B. Rondos), bei denen der Ballbesitz häufig schnell wechselt. Bei Ballverlust ließen wir den Timer fünf Sekunden lang klingeln, um so die Spieler in ihrem Handeln zu unterstützen.

Warum fünf Sekunden? Weil in dieser Zeit die Möglichkeit zur Ballrückeroberung am größten ist, da sich der Gegner erst noch auf den Ballbesitz einstellen muss. Gelang es uns nicht innerhalb von fünf Sekunden, fielen wir in unsere Ausgangsformation zurück.

Das Training von Gegenpressing ist wirklich ein faszinierender Aspekt im Fußball. Auch weil es keine Frage des Könnens, sondern des Wollens ist. Man kann es trainieren. Und das Schöne daran ist, dass Gegner große Schwierigkeiten damit haben.

Als ich Trainer bei Brøndby war und wir gegen den FC Kopenhagen spielten, die zweite Topmannschaft in der dänischen Liga, sagte ihr Trainer Stale Solbakken: „Es ist so einfach, zu analysieren, was sie tun, aber so schwer, dagegen zu spielen." Das hat mich wirklich gefreut.

Peter Hyballa wiederum wird sicher weiterhin das Spiel auf Ballbesitz genießen, die schönen, kreativen Momente. Seine niederländischen Wurzeln sind ein Garant dafür. Das ist auch gut so. Doch auch er sieht die Schönheit des genialen Umschaltens bei Ballverlust, die Möglichkeiten, die es bietet.

In *Hyballas Gegenpressing* teilt Peter, der schon so oft auf vielfältige Weise gezeigt hat, dass er seine Kenntnisse gern weitergibt, sein Wissen darüber mit dem Leser. Und so wünsche ich Ihnen allen viele lehrreiche Momente bei der Lektüre dieses interessanten Buchs und anschließend viel Erfolg bei der Ausübung von Gegenpressing.

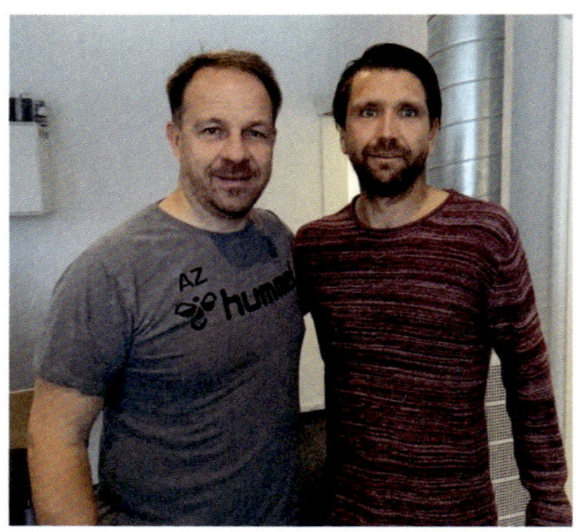

Foto: Hyballa

Alexander Zorniger, August 2020

Legende

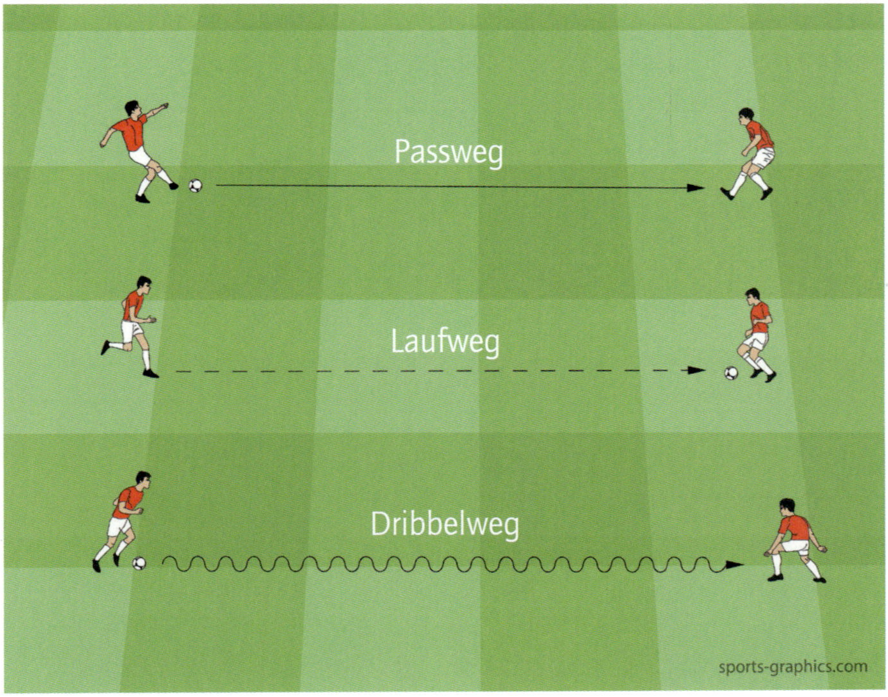

Zu diesem Buch gibt es E-Videos beim Institut für Jugendfußball

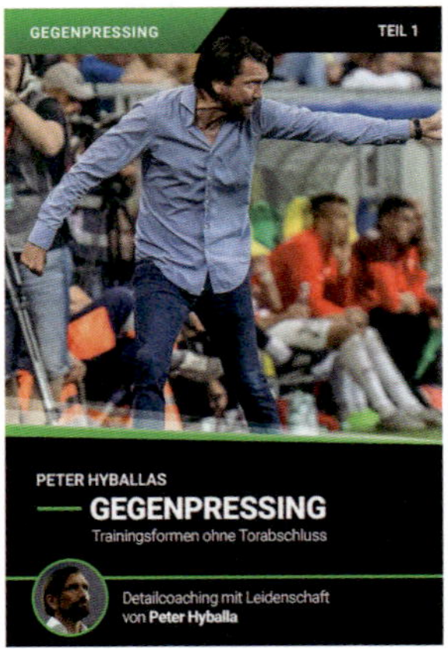

https://ifj96.de/hyballas-gegenpressing-teil-1

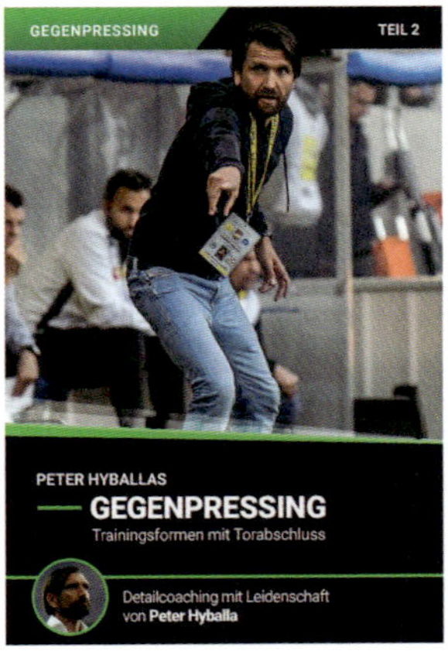

https://ifj96.de/hyballas-gegenpressing-teil-2

Pressing

Hauptthema dieses Buchs ist das Gegenpressing, das heißt, der Umschaltmoment nach Ballverlust. Es ist also eine Variante des Pressings beziehungsweise des Druckspiels. In organisierten Situationen können wir bei gegnerischem Ballbesitz minimal drei Arten von Pressing unterscheiden:

- Angriffspressing
- Mittelfeldpressing
- Abwehrpressing, Catenaccio

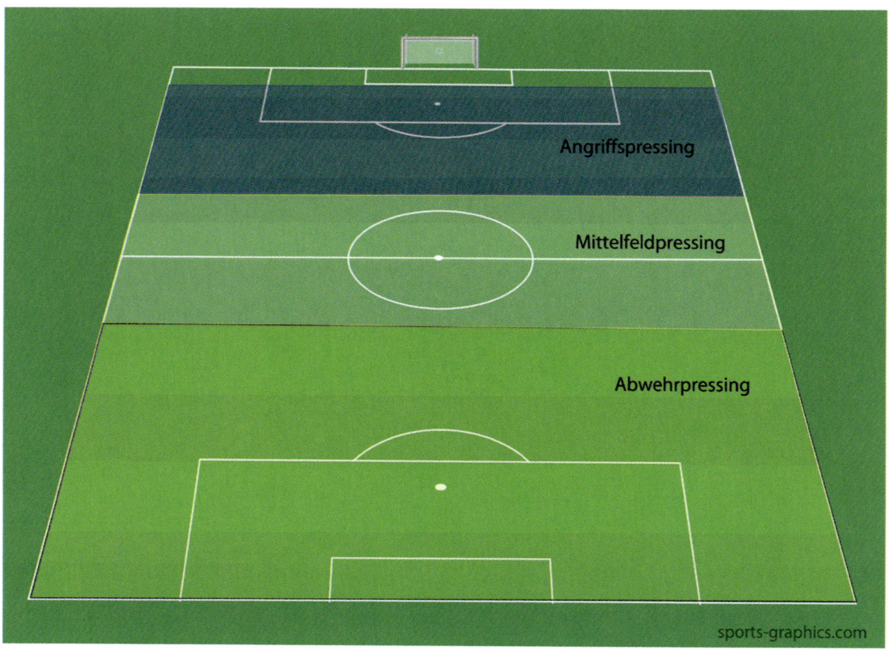

Bei allen dreien handelt es sich um Pressingvarianten, bei denen allerdings jedes Mal deutlich etwas anderes gemeint ist als Gegenpressing, bei dem es um die ersten Sekunden nach Ballverlust geht.

MEINES ERACHTENS IST DIE VON EINEM TRAINER BEVORZUGTE PRESSINGVARIANTE AUCH VON SEINER PERSÖNLICHKEIT ABHÄNGIG.

Beim organisierten Pressing geht es vor allem darum, auf welcher Höhe man im Feld steht. Wo will man dem Gegner den Ball abnehmen? Selbstverständlich handelt es sich bei den Zonen in der nebenstehenden Abbildung nur um eine grobe Skizze. Es ist nicht so, dass das Angriffspressing an einer bestimmten Linie aufhört, ehe es ins Mittelfeldpressing übergeht. Deshalb überlappen sich die Zonen in der Abbildung auch. Die Idee dahinter erscheint mir auf diese Weise deutlich zu sein.

Hoch zu stehen ist nicht dasselbe wie Gegenpressing, etwas, das ich nicht oft genug betonen kann. Steht die eigene Mannschaft während des gegnerischen Spielaufbaus hoch und bewegt sich gleichmäßig mit dem Ball mit, steht es sogar in direktem Widerspruch zum Gegenpressing, bei dem alles mit maximaler Intensität ausgeführt werden muss, meist innerhalb weniger Sekunden. Frage ich Spieler: „Wollt ihr vier oder vierzig Meter sprinten?", lässt sich die Antwort bereits erraten. Vier Meter natürlich!

Auch deshalb habe ich eine Vorliebe für Gegenpressing entwickelt. Meines Erachtens ist die von einem Trainer bevorzugte Pressingvariante auch von seiner Persönlichkeit abhängig. In der Trainerwelt nennt man mich schon mal Cowboy. Dann ist meine Art des Gegenpressings halt Wildweststyle, prima!

Gegenpressing

Was ist Gegenpressing? Bei dieser Taktikvariante, in England Counterpressing genannt, geht es darum, im Moment des Ballverlusts maximal Druck auf den Ball auszuüben. Wie soll individuell und als Mannschaft in den ersten Sekunden nach Ballverlust in den vorher abgesprochenen Spielfeldzonen agiert werden? Man könnte sich zum Beispiel zurückfallen lassen, um in die Verteidigungsposition zu kommen. Beim Gegenpressing ist genau das Gegenteil der Fall, nämlich:

- Direkt reagieren und antizipieren.
- Druck ausüben und den Ball jagen.
- Kurze Strecken im Sprint zurücklegen, anstatt längere bei geringerer Intensität.
- Verhindern, dass der Gegner eine Chance erhält oder ein Tor erzielen kann.
- Keine Fouls.

Der englische Begriff Counterpressing verdeutlicht noch besser das Ziel, den Konter des Gegners mit dieser Taktik zu stoppen. Der Einfachheit halber verwenden wir in diesem Buch den Begriff *Gegenpressing*, da ich ihn selbst so häufig benutze.

Gegenpressing kann Teil einer kompletten Spielstrategie sein. Es lässt sich genauso trainieren wie Spielaufbau, Angriff über die Außen oder durch die Mitte, Wiederaufnahme des Spiels oder organisiertes Pressing. Das eine muss das andere nicht ausschließen. Irgendwann kann es jedoch zum Markenzeichen eines Clubs oder Trainers werden.

Gegenpressing ist für mich kein Synonym für die Fünf-Sekunden-Regel. Es gibt erfolgreiches und gescheitertes Gegenpressing. Ob es nun drei oder dreizehn Sekunden dauert, spielt für mich keine Rolle. Der Hintergrund der Fünf-Sekunden-Regel wird allerdings mit Gegenpressing zu tun haben. Denn beides soll bei der Mannschaft, die gerade einen Ballverlust erlitten hat, unter anderem den Trauermoment verhindern. Nicht dem verlorenen Ball nachtrauern, sondern sich darauf zu konzentrieren, ihn möglichst schnell zurückzuerobern, muss die Devise sein.

Vor- und Nachteile

Welche potenziellen Vorteile bietet Gegenpressing?

- Nach der Ballrückeroberung sofort eine eigene Angriffsmöglichkeit schaffen, die eventuell zu einem Tor führt.
- Den Gegner zu einem unkontrollierten langen Ball zwingen.
- Angriff ist die beste Verteidigung. So hält man den Gegner weit weg vom eigenen Tor. Gelingt es nicht auf Anhieb, hat man oft noch Zeit (und Raum) zur Korrektur.
- Den Gegner frustrieren, anstatt selbst frustriert zu sein.
- Von der Desorganisation des Gegners profitieren.

Welche möglichen Nachteile sind mit Gegenpressing verbunden?

- Wenn es schiefgeht, kann daraus hinten eine gefährliche Situation entstehen.
- Lässt sich auch nur ein Spieler zurückfallen, erhöht sich das Risiko des Scheiterns: Der Gegner kann den Ball dann einfacher behaupten.
- Nicht alle Spieler können sich immer wieder dazu überwinden. Gegenpressing erfordert ein hohes Maß an Disziplin, was manchen Spielern vielleicht schwerfällt.

Neuer Name, alte Taktik

WÄHREND RALF RANGNICK BEREITS ZAHLREICHE ELEMENTE DES SPÄTEREN GEGENPRESSINGS (BALLORIENTIERTES PRESSING, STAFFELN, ISOLIEREN) VORBEREITET HATTE, WURDEN SIE VON KLOPP NOCH VIEL EXTREMER EINGESETZT.

Viele Fußballtrainer kennen die Bilder der niederländischen Elf, die 1974 unter der Regie von Nationaltrainer Rinus Michels den Ball nach Verlust massiv und maximal jagte. Das geschah nicht selten auch im Bereich der Mittellinie oder nach einer Spielwiederaufnahme durch den Gegner in der eigenen Hälfte. Mit anderen Worten: Gegenpressing ist keine neue Taktik, sondern lediglich ein anderer Name für eine bereits bekannte. Das Interesse für diese Taktik hat allerdings zugenommen.

Als Fußballtrainer bin ich in Zeiten von 1:3:5:2 groß geworden. Bei der Weltmeisterschaft 1990 war Klaus Augenthaler der sogenannte *Libero* der Mannschaft. In jenen Jahren war der deutsche Fußball vollkommen mannorientiert. Bei Trainingsspielen gegen niederländische Teams sah ich, dass es auch anders ging. In den Niederlanden wurde häufiger die Zonenverteidigung praktiziert, etwas, das damals neu für mich war.

Wohl hatten wir zu Beginn und Mitte der 1980er-Jahre mit Ernst Happel einen Trainer, der seine Mannschaft, den Hamburger SV, nachdrücklich in der gegnerischen Hälfte pressen ließ. Seine Stürmer durften sich eigentlich nicht hinter die Mittellinie zurückfallen lassen. Sie mussten nach vorne verteidigen, während die eigenen Verteidiger in Richtung Mittellinie aufrückten. Gelang es dem Gegner trotzdem, den Ball unter dem Druck des HSV zu behaupten, setzten sie oft die Abseitsfalle ein. Der Begriff Gegenpressing wurde damals noch nicht verwendet, stattdessen sprach man eher vom „ballorientierten Verteidigen".

Auch Arrigo Sacchi praktizierte in jenen Jahren mit dem AC Mailand eine Art ballorientierte Zonenverteidigung. Beim Training wurden die Spieler buchstäblich mit Seilen aneinandergebunden, damit sich alle in geringem Abstand zueinander in Richtung Ball mitbewegten. Verglichen mit dem Counterpressing anno 2021, sah das damals noch sehr strukturiert und organisiert aus.

Eine weitere wichtige Periode in puncto Gegenpressing waren für mich die Jahre als Trainer der U19 bei Borussia Dortmund (2007-2010), als Jürgen Klopp dort Cheftrainer der ersten Bundesligamannschaft war. Während Ralf Rangnick bereits zahlreiche Elemente des späteren Gegenpressings (ballorientiertes Pressing, Staffeln, Isolieren) vorbereitet hatte, wurden sie von Klopp noch viel extremer eingesetzt.

Klopp betonte immer mehr das schnelle Umschalten nach Ballverlust und verband damit Zeitdruck: Direkt nach Ballverlust drei, vier Sekunden maximaler Druck auf den Ball! Er duldete es nicht, dass sich auch nur ein Spieler diesem Moment aggressiven Drucks auf den Gegner entzog. Junge Spieler wie Mario Götze und Robert Lewandowski waren begeistert von dieser Spielweise.

BIS HEUTE SAGE ICH IN MEINEN BESPRECHUNGEN: „UNSER ZWÖLFTER MANN IST MISTER GEGENPRESSING!"

Nach einem erfolgreichen Gegenpressingmoment musste unter Klopp direkt tief gespielt werden. Wenn möglich, mit einem Angriff zuschlagen, extrem zielgerichtet sein und das (sichere) Spiel auf Ballbesitz verabscheuen. Einen Ausspruch von Klopp als Antwort auf die Frage, wer sein bester Spieler gewesen sei, habe ich nie vergessen: Gegenpressing. Das hat mich als Trainer zum Nachdenken gebracht, und bis heute sage ich in meinen Besprechungen: „Unser zwölfter Mann ist Mister Gegenpressing!"

In Deutschland weiß inzwischen jeder Jugendfußballer, was Gegenpressing ist. Bei Coachclinics in den Niederlanden merke ich, dass dies dort (noch) nicht der Fall ist. Wenn ich in den Niederlanden Spieler frage, was sie unter Gegenpressing verstehen, antworten sie meistens „Druckspiel", aber das ist absolut nicht dasselbe.

Schlüsselwörter

Beim Coaching verwende ich gern Schlüsselwörter. Sie sind Teil der Mannschaftssprache, die die Spieler miteinander verbindet. Im Zusammenhang mit Gegenpressing benutze ich *Usain Bolt, Bodyguard, Iglu, Gigolo, Isolieren und Harakiri.* In den nächsten Kapiteln werde ich erklären, was ich damit meine. Es ist meine Sprache, und selbstverständlich kann jeder Trainer eigene, zu seinem Team passende Schlachtrufe entwickeln.

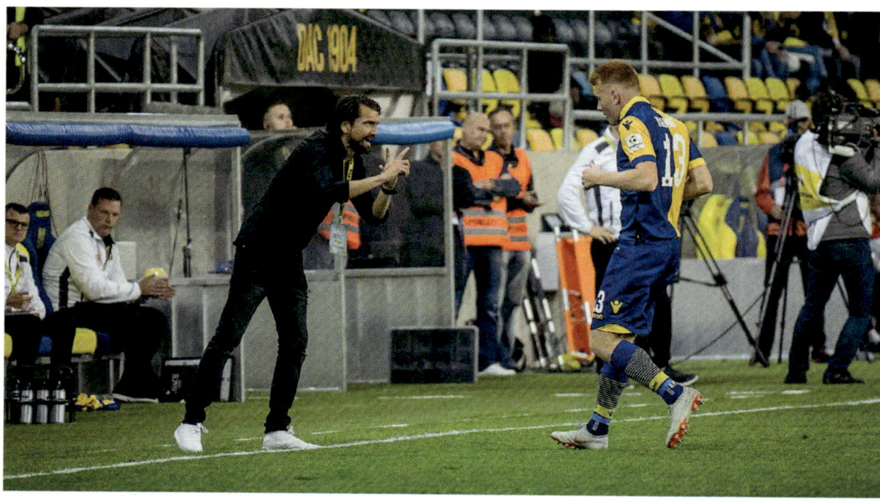

Foto: Ernö Lelkes

Usain Bolt

Ein wichtiger Begriff bei meinem Gegenpressing ist „Usain Bolt", in Assoziation zu dem früheren jamaikanischen Sprinter. Denn bei Einsetzen unseres Gegenpressings muss unser ballnächster Spieler Druck auf den Ball ausüben. Das können ein paar Meter sein, manchmal ist es aber auch eine längere Strecke. Dieser von mir Usain Bolt genannte Spieler muss volles Tempo sprinten und beim Gegner Stress verursachen. Er muss nicht unbedingt den Ball erobern, meist gelingt dies auch nicht. Es ist vielleicht eine undankbare, deshalb aber nicht weniger wichtige Aufgabe!

Ich sehe es als eine Art Kettenreaktion, denn nach Usain Bolt kommt der erste Bodyguard (s. S. 21), falls nötig der zweite usw., so lange, bis wir den Ball haben oder der Gegner den Ball verspielt oder, im schlimmsten Fall, ihn unter unserem Gegenpressing behauptet. Steht unser Usain Bolt maximal vier Meter vom ballführenden gegnerischen Spieler entfernt, gibt es nur ein Ziel: Stress verursachen.

In England spricht man in diesem Fall vom „Jumpen". Bei einer Entfernung von fünf bis acht Metern geht es ebenfalls darum, Stress zu verursachen, jetzt jedoch mit

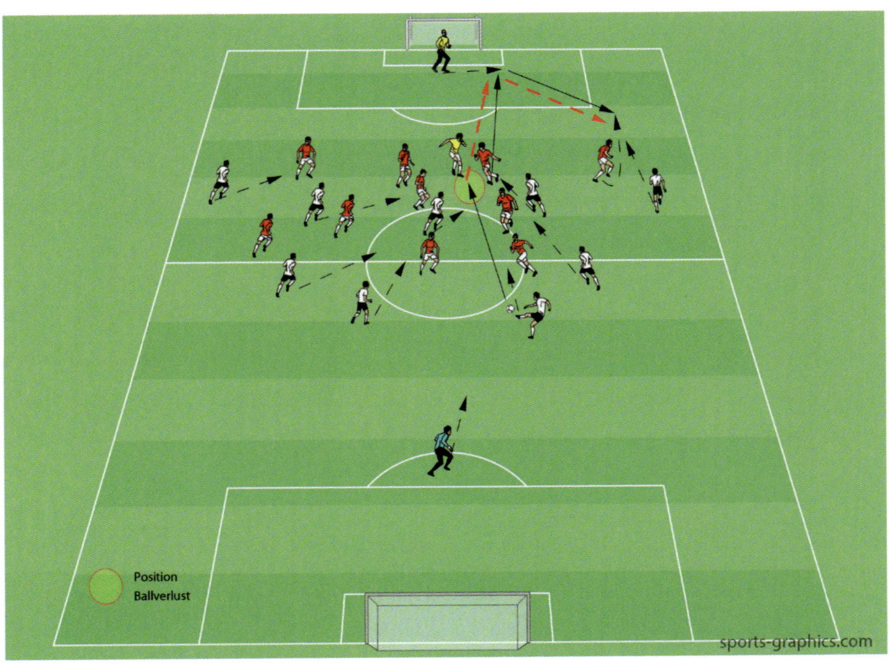

Usain Bolt (gelbes Trikot): Unser ballnächster Spieler jagt den Ball, um beim ersten gegnerischen Spieler, der in Ballbesitz gelangt, Stress zu verursachen. Anschließend kann „Usain Bolt" unter Umständen noch „Balldieb" werden.

einer Idee dahinter. Zum Beispiel einen Gegner zu isolieren, indem man in einem Bogen an ihn heransprintet. Viele Fußballer machen das übrigens schon von Natur aus bewusst, sicherlich diejenigen, die über ein gutes Orientierungsvermögen verfügen und sich häufig umschauen.

Eine weitere Strategie für unseren Usain Bolt besteht darin, auf den ersten Metern volles Tempo zu sprinten, kurz vor dem Gegner jedoch innezuhalten. So gestaltet er ein taktisches 1 gegen 1. Das lässt sich gut trainieren, wobei man auch auf die Körperhaltung achten sollte. Sprintbereit stehen, sich auf dem Vorfuß bewegen. Am liebsten möchte man sich als Bolt natürlich nicht ausspielen lassen, doch das lässt sich nicht immer verhindern.

DIE WICHTIGSTE AUFGABE DES ERSTEN SPIELERS, DER VOLLEN DRUCK AUF DEN BALL AUSÜBT, BESTEHT DARIN, BEIM GEGNER STRESS ZU VERURSACHEN.

In dem Fall ist Bolt aber noch nicht fertig! Er kann dann immer noch Balldieb (engl.: stealer) werden, indem er den Gegner von hinten angreift. Auch hier gilt: Kein Foul, denn dann ist der Druckmoment und damit die Chance weg (s. Abb.)!

Wie gesagt, der Spieler in der Rolle Usain Bolts muss als Wasserträger arbeiten, das heißt, sprinten ohne Ball. Wie bekommt man einen Spieler so weit? Hierfür muss er Erfolgserfahrungen machen, beim Training und im Wettkampf. Eine Erfolgserfahrung besteht nicht nur darin, dass der Spieler den Ball erobert und eine Torchance herausspielt oder selbst abschließt. Möglicherweise bekommt er den Ball nach seiner Sprintaktion auch von einem Mitspieler zugespielt, der den Ball dank ihm erobern konnte.

Deshalb muss man als Trainer bei erfolgreichen Gegenpressingmomenten auf jeden Fall alle Glieder in der Pressingkette berücksichtigen. Was auch dabei helfen kann, seine Spieler voll ins Gegenpressing zu bekommen, ist die eingangs bereits erwähnte Frage: „Wollt ihr lieber vier oder vierzig Meter sprinten?" Die Antwort erübrigt sich.

Anstelle von „Usain Bolt" lassen sich selbstverständlich auch andere Namen verwenden, bei denen die Spieler direkt an Sprinten oder Schnelligkeit denken. „Max!" in Anlehnung an Max Verstappen zum Beispiel oder „Vettel" in Anlehnung an Sebastian Vettel.

Bodyguard

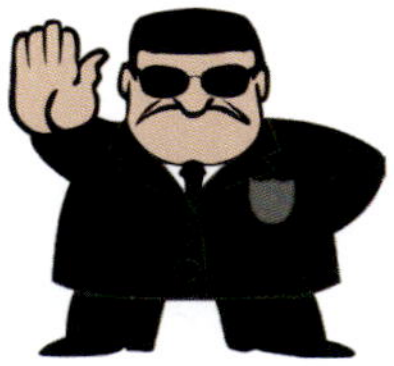

Wir wissen, dass unser Usain Bolt zwar als Erster in Richtung Ball sprintet, ihn aber längst nicht immer selbst erobern kann. Das geschieht häufig durch die sogenannten *Bodyguards*: Spieler, die (schräg) im Rücken von Bolt in Aktion kommen, um einen Pass des Gegners abzufangen. Ziel ist es, dass dieser Pass dank des von Bolt verursachten Stresses nicht perfekt ist. Anschließend kann der Bodyguard (rote Pfeile) eingreifen (s. Abb.).

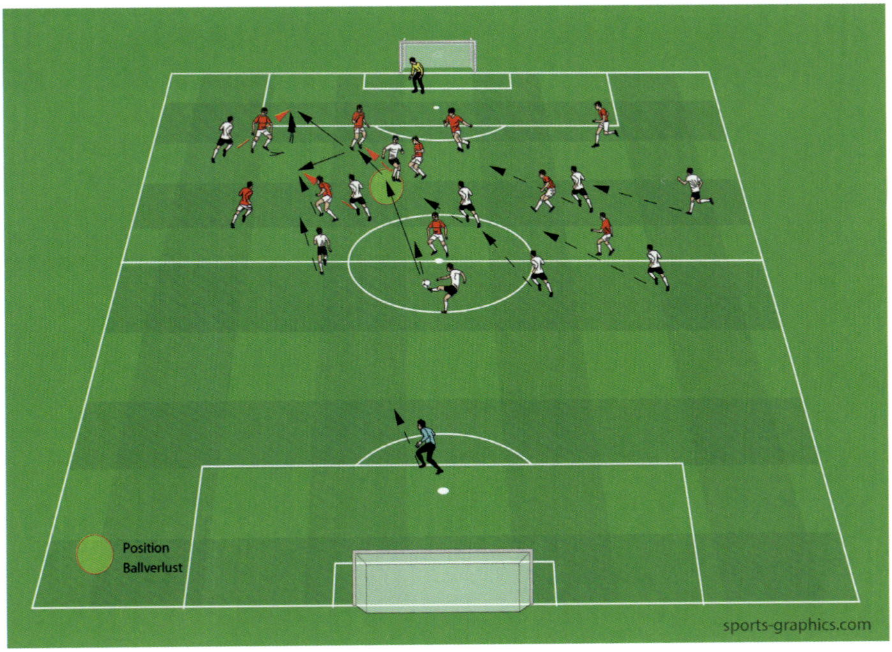

Usain Bolt übt maximalen Druck auf den Ball aus (gelber Kreis). Um ihn herum befinden sich zwei Bodyguards (rote Pfeile), die versuchen, einen möglichen Pass des Gegners abzufangen.

Ist die Mannschaft gut aufeinander eingespielt, wird Bolt mit seiner Sprintaktion nicht per se einen gegnerischen Passweg zustellen, sondern vor allem verhindern wollen, dass der ballführende gegnerische Spieler eine bestimmte Spielfeldzone erreichen kann. Anschließend vertraut Bolt auf seinen Bodyguard, der sich um den zweiten gegnerischen Spieler, der in Ballbesitz kommt, kümmert. Eigentlich schränkt man die Möglichkeiten des Gegners immer mehr ein und gestaltet die Situation für die eigene Mannschaft stets übersichtlicher (s. Abb.).

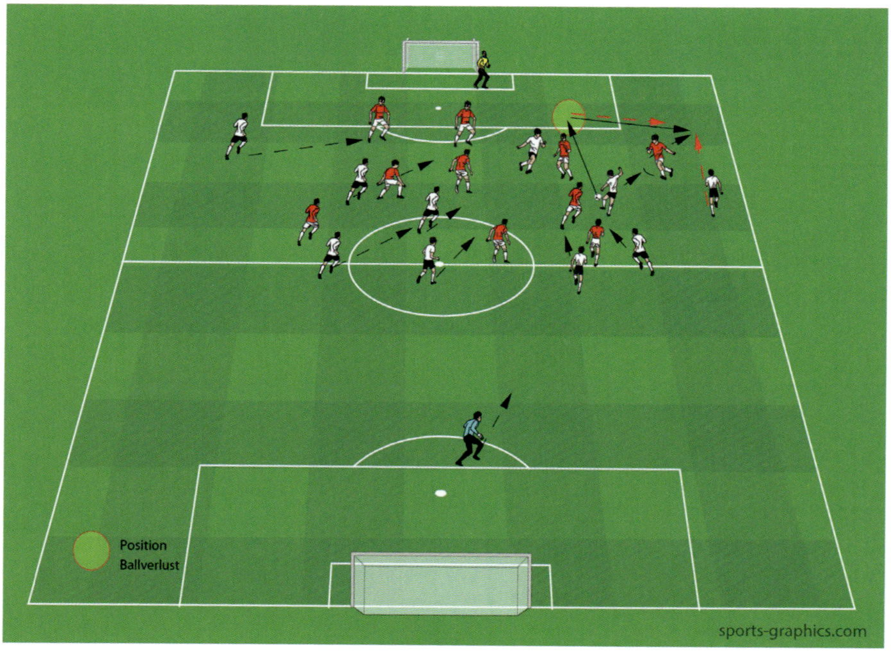

Usain Bolt (gelber Kreis) stellt dem roten Linksverteidiger, auf den Druck ausgeübt wird, einen Teil des Spielfelds zu. Der Bodyguard (rote Pfeile) kann jetzt seine Arbeit erledigen.

Gigolo

In dem Moment, in dem wir uns voll im Gegenpressing befinden, müssen sich die Spieler, die am weitesten vom Ball entfernt stehen, so geschickt positionieren, dass sie zwei Gegner anlaufen können. Hierfür verwende ich den Begriff „Gigolo!", da sich ein Gigolo definitionsgemäß mehreren Personen widmet. Vor allem dann, wenn wir einen Usain Bolt zum gegnerischen Torwart sprinten lassen, werden wir von hinten maximal, inklusive Torwart, aufrücken müssen.

Im Allgemeinen finde ich es prima, wenn wir uns dann 1 gegen 1 im Bereich der Mittellinie befinden, aber das muss nicht unbedingt mit enger Manndeckung verbunden sein. Schließlich ist der Ball weit weg und sicher nicht in einer Sekunde bei unserem letzten Verteidiger (s. Abb.).

Stehen wir in Gegenpressingmomenten hinten 1 gegen 1, und dem Gegner gelingt es trotzdem, den Ball zu behaupten, kann die Abseitsfalle ein zusätzlicher Rettungsanker sein. Vor allem erfahrene Spieler trauen sich meiner Erfahrung nach, dieses taktische Mittel einzusetzen. Schließlich ist es eine riskante, bei Erfolg aber auch äußerst effektive Maßnahme.

Dann kann der Rechtsverteidiger, indem er sich im richtigen Moment bewegt, einen gegnerischen Spieler auf der anderen Spielfeldseite ins Abseits laufen lassen. Beim Übungsmaterial für Deep Runs arbeiten wir bewusst mit der Abseitslinie, um diesem Aspekt Rechnung zu tragen.

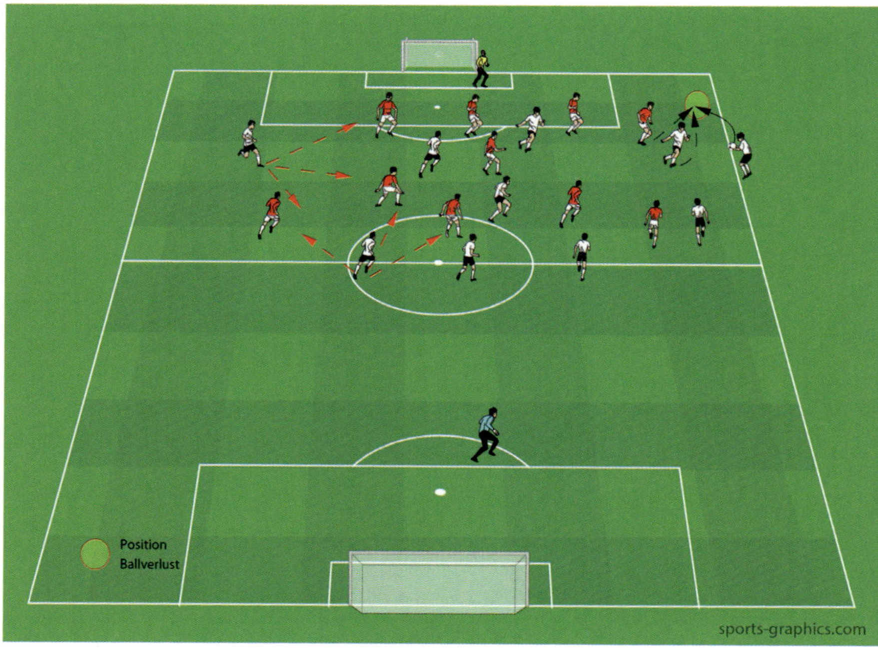

Auf der linken Seite „bewachen" zwei weiße Spieler die vier roten, die am weitesten vom Ball entfernt stehen.

Iglu

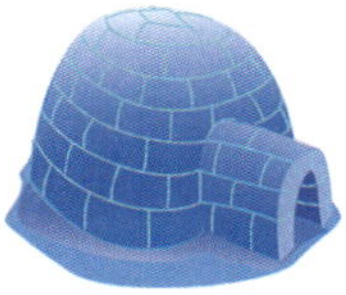

Für ein gutes Gegenpressing sind geringe Abstände zwischen den Spielern der eigenen Mannschaft wichtig. Wir müssen das Feld, entsprechend der Ballposition, klein machen. Beim Coaching verwende ich dafür den Begriff „Iglu!", in Anlehnung an das kleine Schneehaus der Eskimos, in dem sich mehrere Menschen auf engem Raum aufhalten.

Außerdem ist „Iglu!" ein kurzes, leicht von der Zunge gehendes Wort, das für mich als Metapher für das sofortige Kleinmachen des Spielfelds in Richtung Ball steht. Ein gut gebautes echtes Iglu ist überraschend stark. Und das wollen wir mit unserer Feldbesetzung im Gegenpressingmoment unterstreichen. Die gegnerischen Spieler außerhalb unseres Iglus finden wir nicht so wichtig. Für mich ist Gegenpressing auch kleiner als ein 11 gegen 11 (s. Abb.).

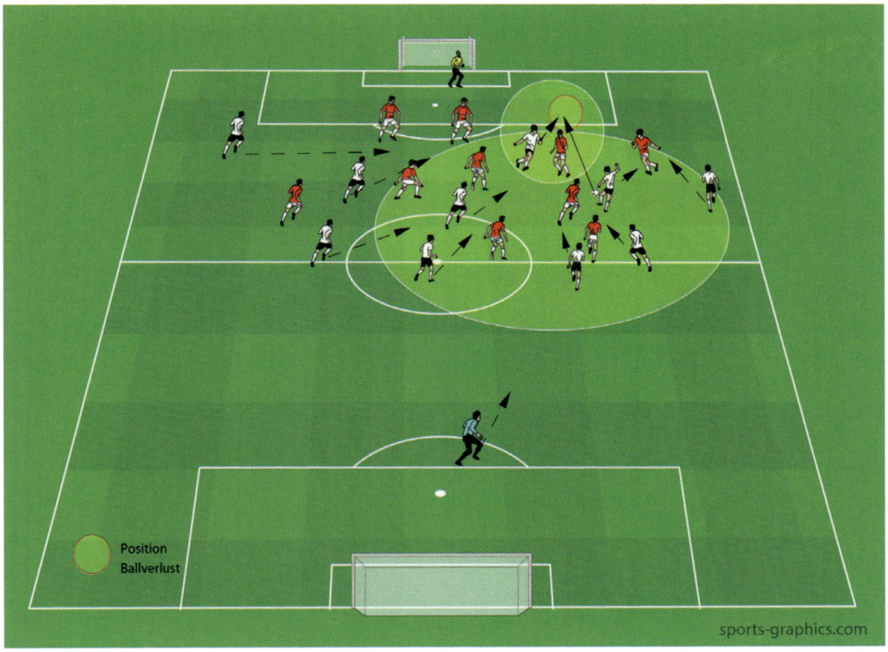

Nach Ballverlust kommt (fast) jeder Spieler in den Iglu. Den gegnerischen Spielern, die am weitesten vom Ball entfernt stehen, wird dabei der größte Freiraum geschenkt.

Isolieren

Ist Gegenpressing auch bei (deutlicher) eigener Unterzahl möglich? Meine Antwort darauf ist ein klares Ja! Selbst wenn man zum Beispiel 1 gegen 3 oder 3 gegen 7 um den Ball steht, macht es noch Sinn. Denn durch Isolieren versucht man, eine 1-gegen-1- oder 2-gegen-2-Situation zu erreichen.

Alles läuft auf das Abschneiden oder Zulaufen gegnerischer Passwege hinaus. Die pressenden Spieler müssen eine aktive Körperhaltung annehmen, eine sogenannte *Sprinterbewegung*. Vom Isolieren möchte man am liebsten zum Ballroll-Pressing übergehen, bei dem man weiß, dass der unerreichbare Spieler hinter einem keine Option für den Gegner ist. Oft bestimmen Trainer ein gegnerisches sogenanntes *Pressingopfer*. Dann wird zum Beispiel ein Pass zum gegnerischen Linksverteidiger zugelassen, um anschließend seine Optionen zuzulaufen, sodass der ballführende Spieler zusätzlich Probleme bekommt.

Beim Isolieren ist es wichtig, häufig einen schnellen Blick über die Schulter zu werfen. Weiß man, wo sich der zu isolierende Gegner befindet, kann man seine eigene Laufrichtung entsprechend anpassen. Also, möglichst oft in den Rückspiegel schauen! Gegenseitiges Coaching kann dabei helfen. Rufe deinen Mitspielern zu, wie sie für dich laufen sollen (s. Abb.)!

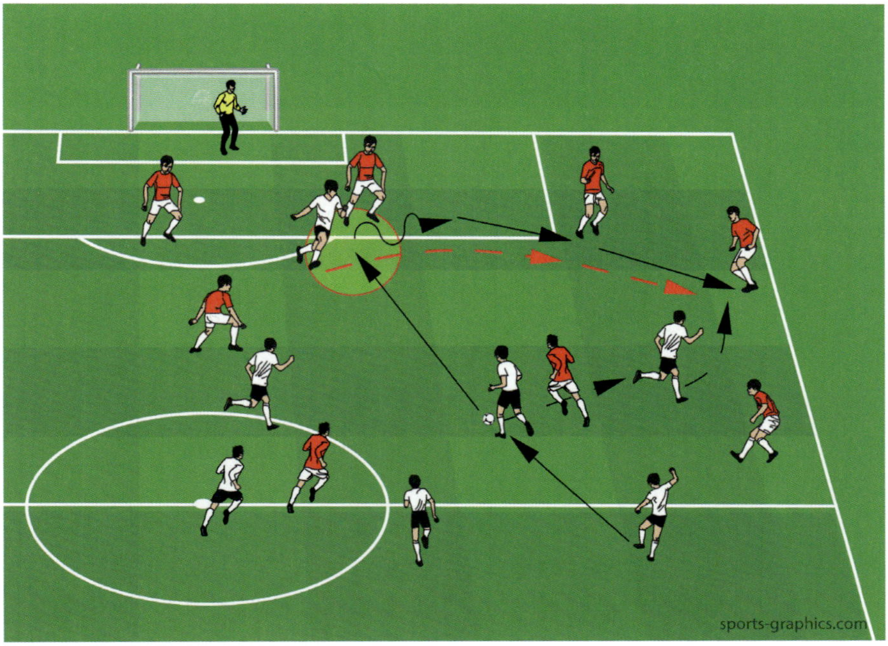

Aus einer 3-gegen-4-Situation versucht man, eine 2-gegen-2-Situation zu schaffen, indem man Passwege abschneidet, sehr ballorientiert agiert und Druck auf den Ball ausübt, wodurch der Gegner wenig Zeit zum Freilaufen hat.

So nicht: Harakiri

Sicher, manchmal klappt es nicht. Wir üben mit aller Macht Druck aus, doch ein oder mehrere Mitspieler kommen nicht mit, weil sie eine Sekunde zu spät reagiert oder eine falsche Entscheidung getroffen haben. Bemerkt der Rest der Mannschaft das nicht, wird aus unserem Gegenpressing Harakiri. Irgendwo auf dem Feld erhält der Gegner so viel Freiraum, dass er schließlich den Ball unter unserem Druck behaupten kann. Deshalb ist es so wichtig, dass wirklich alle jederzeit und uneingeschränkt mitmachen (s. Abb.)!

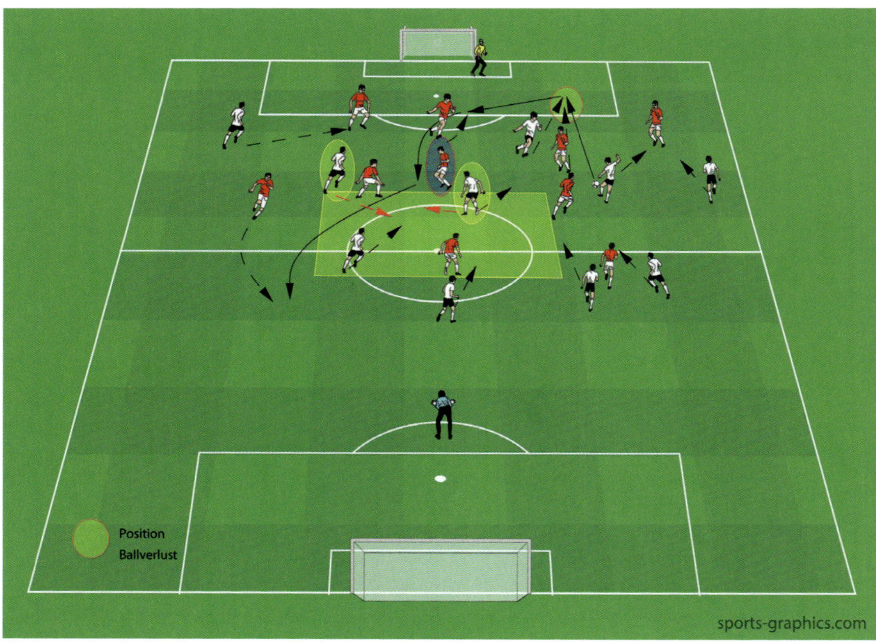

Wir (weiß) verlieren den Ball nach einem Pass in die Tiefe. Läuft der linke weiße Mittelfeldspieler in diesem Moment den roten verteidigenden Mittelfeldspieler (gelb eingekreist) nicht an, kann es passieren, dass dieser Spieler aufmacht und Raum für einen gefährlichen, kontrollierten Pass in die Tiefe erhält. Außerdem ist die weiße Verteidigung bei Ballbesitz nicht richtig aufgerückt. Zu viel Raum für den Gegner: Harakiri.

Harakiri entsteht auch, wenn unsere gesamte Mannschaft nach Ballverlust zwar in den Iglu kommt, wir aber keinen Druck auf den Ball ausüben. Wir haben das Feld also klein gemacht, doch vom Gegner kann ein kontrollierter (langer) Ball gespielt werden. Hierfür verwende ich häufig den Begriff „pissing dog" oder „pinkelnder Hund". Einer unserer Spieler presst anfangs zwar, hört schließlich aber damit auf. Statt wirklich Druck auf den Ball auszuüben, macht er eine Blockbewegung, und das sieht so aus, als würde ein Hund pinkeln.

Gegenpressingauslöser

Nicht jeder Moment ist für Gegenpressing gleichermaßen geeignet. In dem Moment, in dem wir den Ball verloren haben, können wir eine Reihe sogenannter *Gegenpressingauslöser* unterscheiden, das heißt, Signale, die das Startzeichen zum Gegenpressing geben. Dies sind zum Beispiel:

- Ball in der Ecke: Gewöhnlich gelingt jede Art von Pressing in einer Spielfeldecke besser, da die Möglichkeiten des Gegners durch die nahen Spielfeldbegrenzungen eingeschränkt sind. Deshalb trainieren wir auch Positionsspiele auf kleinem Raum (s. auch Spielformen 2, 6 und 7).
- Schwache Ballannahme: Nimmt ein gegnerischer Spieler den Ball schlecht an, achtet er wahrscheinlich weniger auf Abspielmöglichkeiten.
- Ein (halb-)hoher Ball oder langsamer Pass: Spielt ein gegnerischer Spieler einen (halb-)hohen oder zu weichen Pass, kann seine Mannschaft den Ball kurzzeitig nur mäßig kontrollieren.

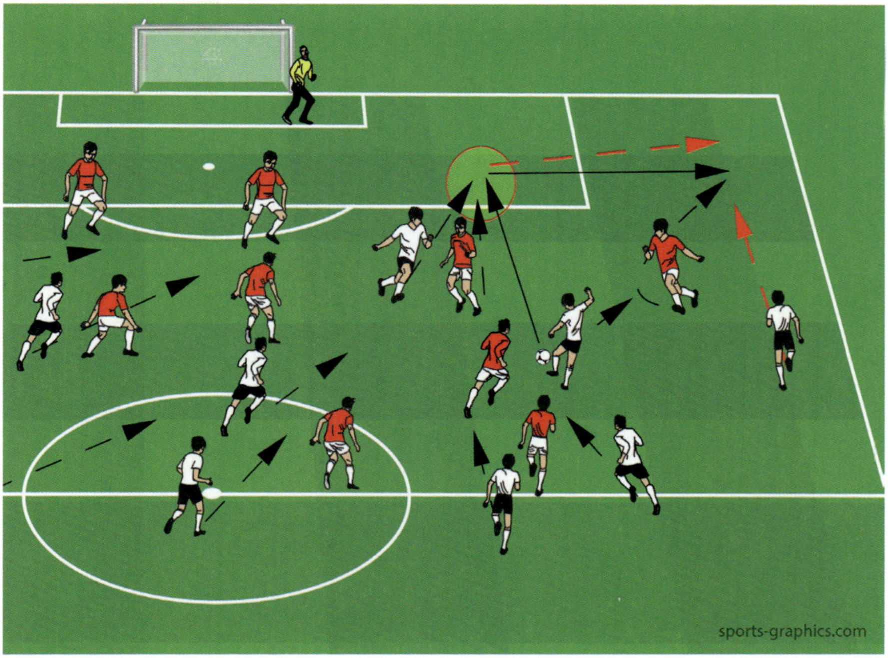

Ball in der Ecke: ein wichtiger Pressingauslöser

- Ein langer Ball hinter die letzte gegnerische Linie: Spielt man selbst einen Pass in die Tiefe, und ein Mitspieler erreicht als Erster den Ball, kann sich daraus eine Chance ergeben. Doch selbst wenn es nicht gelingt, lässt sich mithilfe von Gegenpressing noch eine aussichtsreiche Situation daraus machen.
- Ein zuvor benannter gegnerischer Spieler: Vor Spielbeginn kann man verabreden, vor allem dann ins (Gegen-)Pressing zu gehen, wenn ein bestimmter gegnerischer Spieler an den Ball kommt oder zu kommen droht. Zum Beispiel, wenn man weiß, dass dieser Spieler besonders große Schwierigkeiten damit hat, unter Druck zu agieren. Wir nennen ihn das Pressingopfer.
- Ein Rückpass auf den Torwart: Spielt die gegnerische Mannschaft nach Ballereoberung den Ball zum eigenen Torwart zurück, kann Usain Bolt vollen Druck ausüben. Für Bolt sind es oft undankbare Meter. Häufig führen sie jedoch Sekunden später indirekt zum Ballbesitz! Dabei ist es jedoch wichtig, dass die Entfernungen erlaufen werden können. Solange der Ball rollt, ist Gegenpressing sinnvoll. Kann der Torwart den Ball in der Zwischenzeit (in aller Ruhe) annehmen, nicht.

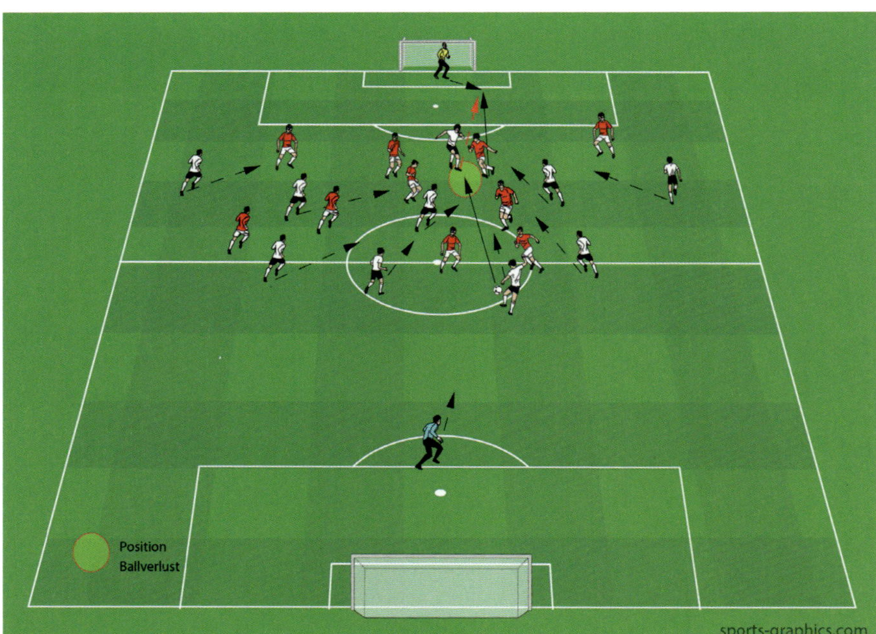

Ein Rückpass auf den Torwart, der erlaufen werden kann: auch ein Pressingauslöser.

- Der Rücken des Gegners: Sieht man den Rücken des Gegners, eignet sich der Moment, um Druck auszuüben. Vor allem, wenn der Spieler in Richtung eigenes Tor dribbelt. Schließlich hat er keine Augen im Rücken. Aber Vorsicht: Bitte kein Foul!

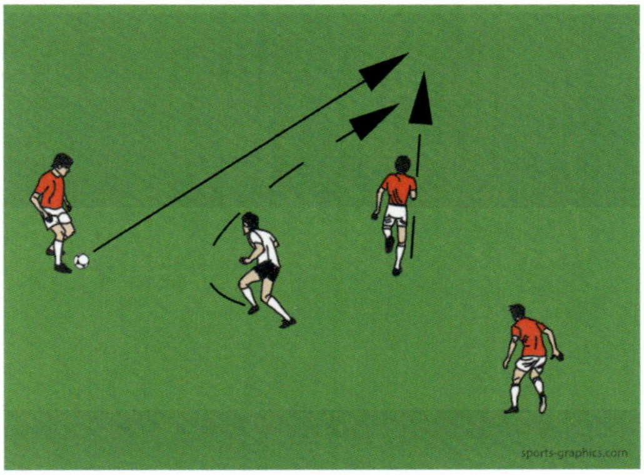

- Einwurf in Richtung Ecke: Angenommen, wir haben selbst Einwurf in der gegnerischen Hälfte und sehen nicht direkt eine „fußballerische Lösung". Dann gibt es immer noch die Möglichkeit eines Einwurfs in Richtung Ecke. Dabei können wir selbst in Ballbesitz bleiben, den Ball aber auch verlieren. Das ist dann eigentlich ein erklärter Gegenpressingmoment für uns.

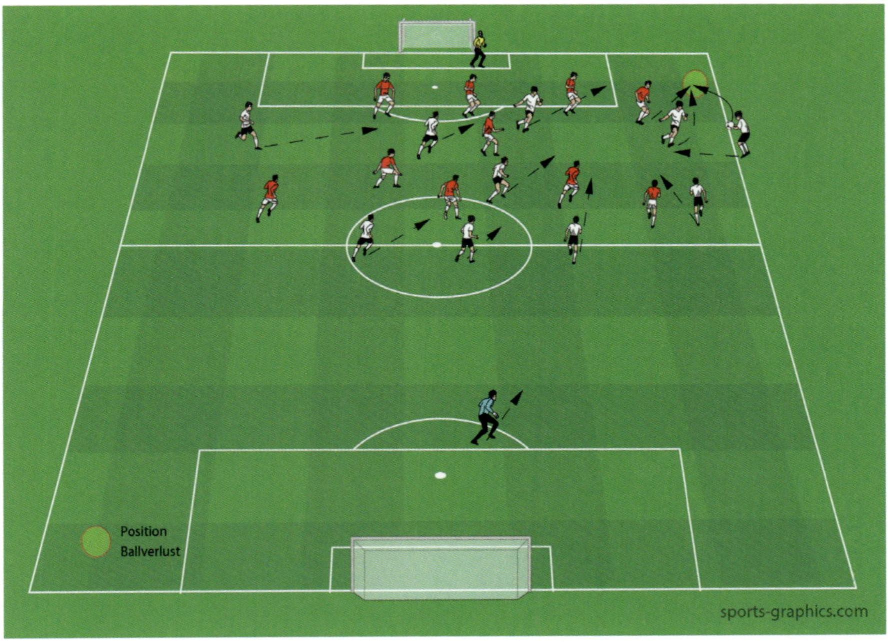

Häufiger Gegenpressingmoment: nach einem Einwurf

- Absichtlicher Ballverlust: Zugegeben, es ist vielleicht eine unkonventionelle Art des Fußballspiels. Doch es gibt Trainer und sogar Clubs, bei denen es zur Strategie gehört, als Startschuss zum Gegenpressing bewusst einen Ballverlust zu provozieren, indem ein langer Ball zwischen die Abwehrkette und den Torwart des Gegners gespielt wird. In dem Moment sieht man das Gegenpressing als Chance, als Assist.

Der allgemeine, übergreifende Pressingauslöser ist das Rollen des Balls. Oder genau genommen ist es eine Voraussetzung. Wer erfolgreiches Gegenpressing spielen will, muss verhindern, dass der Gegner einen kontrollierten Ball am Fuß sowie genügend Zeit hat, sich nach Lösungen umzusehen.

Nein, wir wollen eine Stressflut verursachen, damit wir das Spiel des Gegners zu unserem Vorteil beeinflussen können. Die Spieler können diesen Effekt untereinander noch verstärken, indem sie sich mit Rufen wie: „Weiter! Weiter! Weiter!" oder: „Pressen! Pressen! Pressen!" gegenseitig coachen.

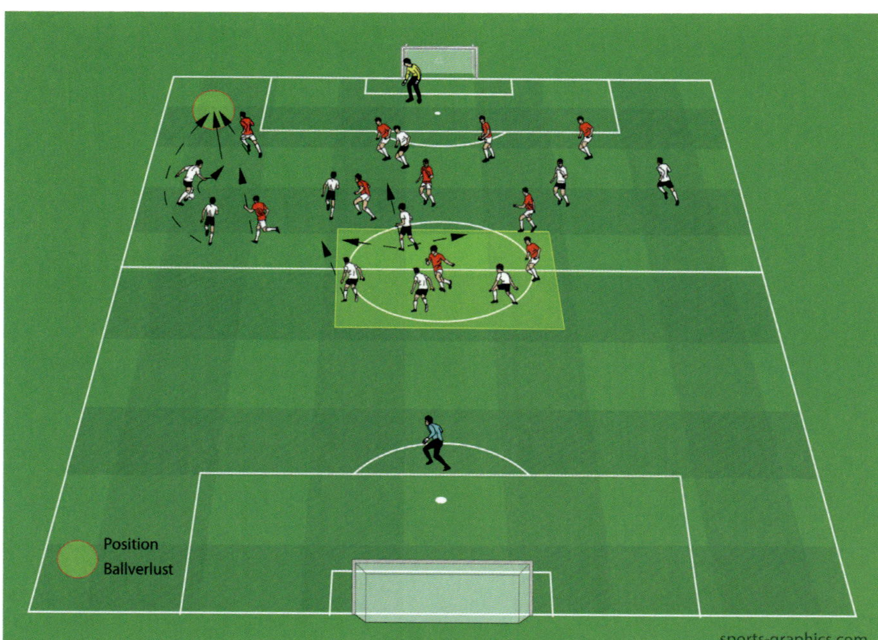

Die Rolle des Torwarts

Die Zeiten des Torlinientorwarts sind vorbei. Natürlich besteht die allererste Aufgabe eines Torhüters immer noch darin, gegnerische Tore zu verhindern. Heutzutage kommt das Verhindern gegnerischer Chancen allerdings noch hinzu. Zu diesem Zweck kann Gegenpressing ein geeignetes Mittel sein.

Traditionelle Torhüter müssen davon jedoch erst einmal überzeugt werden. Läuft dein Torwart in dem Moment, in dem seine Mannschaft den Ball in der gegnerischen Hälfte verliert, zurück und ruft: „Zurück! Zurück!?" Dann steht dir als Trainer in Sachen Gegenpressing noch ein weiter Weg mit ihm bevor. Schließlich möchte man, dass er bei Ballbesitz der eigenen Mannschaft maximal aufschließt und im Moment des Ballverlusts nicht sofort an Rückzug denkt.

Gerade jetzt muss er eine Art Startposition einnehmen, damit er direkt nach vorn sprinten kann, wenn Not am Mann ist. Denn die gegnerische Mannschaft könnte als mögliche Antwort auf unser Gegenpressing den langen Ball hinter unsere Abwehr spielen. Steht unser Torwart jedoch schon startbereit, kann er diesen Pass in die Tiefe unschädlich machen.

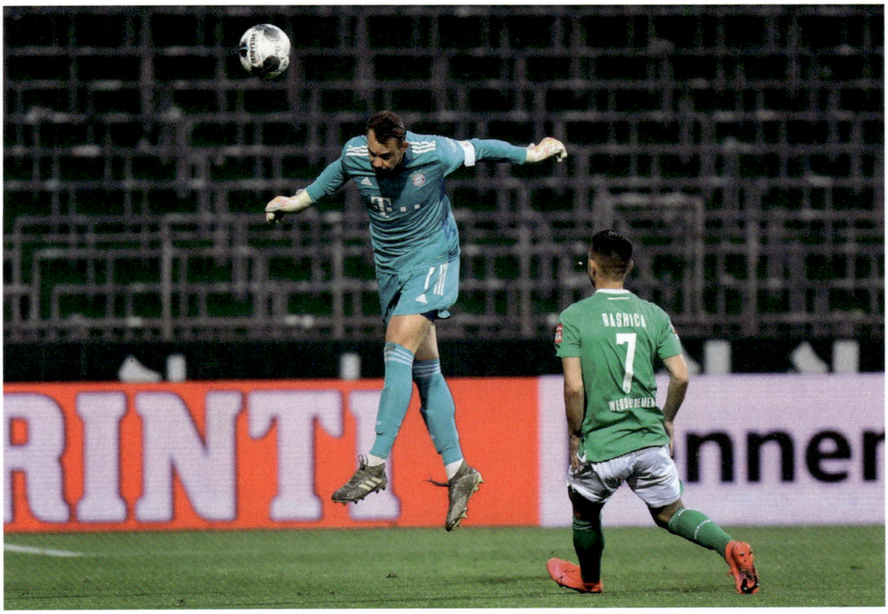

Foto: Pro Shots

Formen des Gegenpressings

> KRITIKER DES GEGENPRESSINGS WERDEN EINWENDEN, DASS DABEI AUF DER ANDEREN SPIELFELDSEITE EIN ODER MEHRERE GEGENSPIELER FREISTEHEN. FAKTISCH GESEHEN, STIMMT DAS ZWAR, DOCH EIN GEGENPRESSINGTRAINER SIEHT DAS ANDERS.

Obwohl ich es vorziehe, mit einem Usain Bolt und einem Bodyguard zu arbeiten, führen natürlich auch hier mehrere Wege zum Ziel. Man kann auch mit mehreren Usain Bolts den ersten Druck auf den Ball ausüben und mit einem oder sogar keinem Bodyguard arbeiten. Oder man sorgt für einen sogenannten *Steller*, das heißt, einen ersten Spieler, der den ballführenden Gegner in eine bestimmte Richtung lenkt, und der zweite Spieler jagt anschließend den Ball.

Außerdem kann sich das Ziel des Gegenpressings situationsabhängig ändern. Will man den Ball wirklich erobern, oder geht es vor allem darum, den Gegner zu einem unkontrollierten (langen) Ball zu zwingen? Darüber hinaus kann man als Mannschaft absprechen, wo das Gegenpressing stattfinden soll. Will man es (vor allem) auf den Flügeln oder gerade im Zentrum? Oder man verabredet, nicht in der eigenen, sondern nur in der gegnerischen Hälfte Gegenpressing auszuüben.

Ferner lässt sich Gegenpressing einsetzen, um im Falle eines Ballverlusts den Ball sofort zurückzugewinnen oder zumindest zu blocken, damit der gefährliche gegnerische Pass in die Tiefe verhindert wird. Oder man zwingt den Gegner damit zur Seite oder nach hinten. Schließlich kann Gegenpressing auch vermehrt darauf abzielen, Passwege abzuschneiden, wodurch der Gegner gezwungen wird, das Spiel breit zu machen oder zurückzuspielen.

Da jede Spielsituation anders ist, bedeutet es in der Praxis meistens, dass ein Gegenpressingmoment aus einer Kombination oben genannter Merkmale besteht. Kritiker des Gegenpressings werden einwenden, dass dabei auf der anderen Spielfeldseite ein oder mehrere Gegenspieler freistehen. Faktisch gesehen, stimmt das zwar, doch ein Gegenpressingtrainer sieht das anders. Diese „freistehenden" Spieler können nämlich nicht erreicht werden, wenn das Gegenpressing gut ausgeführt wird. In der ballorientierten Denkweise von Gegenpressingtrainern sind die gegnerischen Spieler auf der anderen Seite von untergeordneter Bedeutung.

Gegenpressing vorbereiten

Zur Vorbereitung aufs Gegenpressing gehört eine gute Raumaufteilung bei Ballbesitz, wobei ich Flügeln und Achse gleichermaßen Beachtung schenke. Eine gute Raumaufteilung beinhaltet in diesem Fall sicher, dass die letzte Linie und der eigene Torwart richtig aufschließen. Darüber hinaus ist vor allem die Besetzung des Sechsers, der für die eigene Verteidigung von zentraler Bedeutung ist, äußerst wichtig. Dann hat man auf jeden Fall den gegnerischen Stürmer in der Zange (s. Abb.).

Die offensiv eingestellten Spieler nenne ich gelegentlich die *Optimisten*, während die defensiv oder kontrollierend eingestellten Spieler die sogenannten *Pessimisten* sind. Mit den Optimisten trainiere ich unter anderem den Gewinn des zweiten Balls. Weil sie immer darauf vertrauen. Die Pessimisten denken von Natur aus viel an die Restverteidigung bei möglichem Ballverlust.

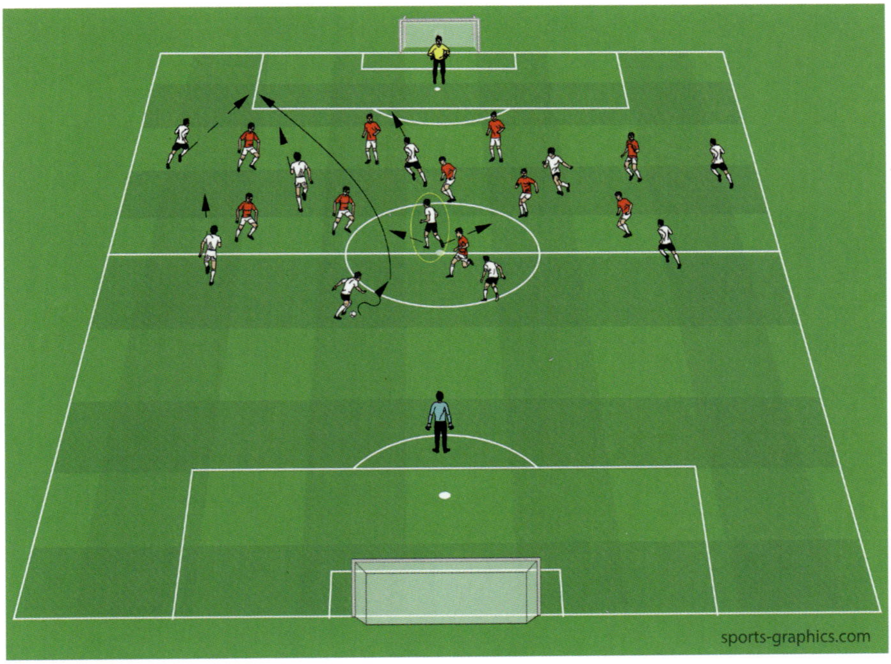

Vor allem die Besetzung des Sechsers, der für die eigene Verteidigung von zentraler Bedeutung ist, ist äußerst wichtig. Dann hat man auf jeden Fall den gegnerischen Stürmer in der Zange.

Von Haus aus bin ich ein Fußballtrainer, der das Feld bei Ballbesitz relativ groß halten will. Im Folgenden als Beispiel eine Spielsituation bei Ballbesitz, mit einigen Überlegungen für den Fall, dass wir Gegenpressing spielen. Wir stehen ungefähr 1-4-3-3 mit einer Sturmspitze, die Flügel sind doppelt besetzt. Der Linksaußen hat den Ball, der linke Halbraumspieler lauert auf den Deep Run (s. S. 43).

AUCH BEI BALLBESITZ MUSS MINDESTENS EIN MITTELFELDSPIELER PESSIMISTISCH DENKEN.

Der zentrale Mittelfeldspieler denkt offensiv, ebenso wie der Flügelstürmer auf der anderen Seite. Oft rücken in so einer Situation auch noch ein oder zwei Verteidiger auf. Gehen beide Verteidiger mit, haben wir 2 plus 1, geht nur einer mit, 3 plus 1. Geht der Verteidiger auf der Ballseite mit, hofft man, damit auch einen gegnerischen Stürmer zu binden.

In beiden Fällen (2 plus 1 und 3 plus 1) muss unser dritter Mittelfeldspieler pessimistisch denken. Er darf zwar ein bisschen mitspielen, doch vor allem muss er auf seiner Position bleiben. Hier kommt es schon auf ein paar Meter an. Meiner Meinung nach darf er nicht zu nah beim gegnerischen Mittelstürmer stehen. Also nicht mann-, sondern ballorientiert agieren. Passwege abschirmen oder zulaufen können (s. Abb.).

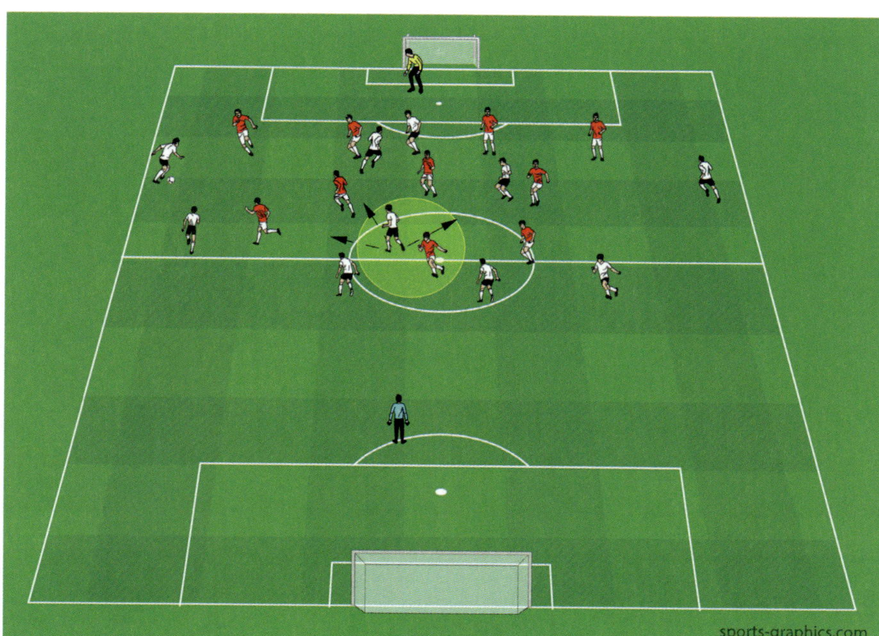

In einer Situation wie dieser muss unser Sechser pessimistisch denken. Er darf nicht zu nah beim gegnerischen Mittelstürmer stehen. Also nicht mann-, sondern ballorientiert agieren. Passwege abschirmen oder zulaufen können.

Außerdem muss unser Sechser dem gegnerischen Mittelstürmer das Gefühl geben, dieser könne ihn vielleicht noch verteidigen. Steht er zu weit weg, bleibt der Mittelstürmer ohnehin tief stehen. Auch hier kommt es also wieder auf ein paar Meter an. Geht der Ball über ihn hinweg in Richtung gegnerischer Mittelstürmer, hat er zwei Möglichkeiten, die jedes Mal anders aussehen können, bei denen er aber auf jeden Fall zurücksprinten muss.

Die erste Option heißt „doppeln" oder sich in Richtung Ball zurückfallen lassen. Die zweite besteht darin, dem Innenverteidiger, der sich auf den Mittelstürmer zubewegt, Rückendeckung zu geben (s. Abb.).

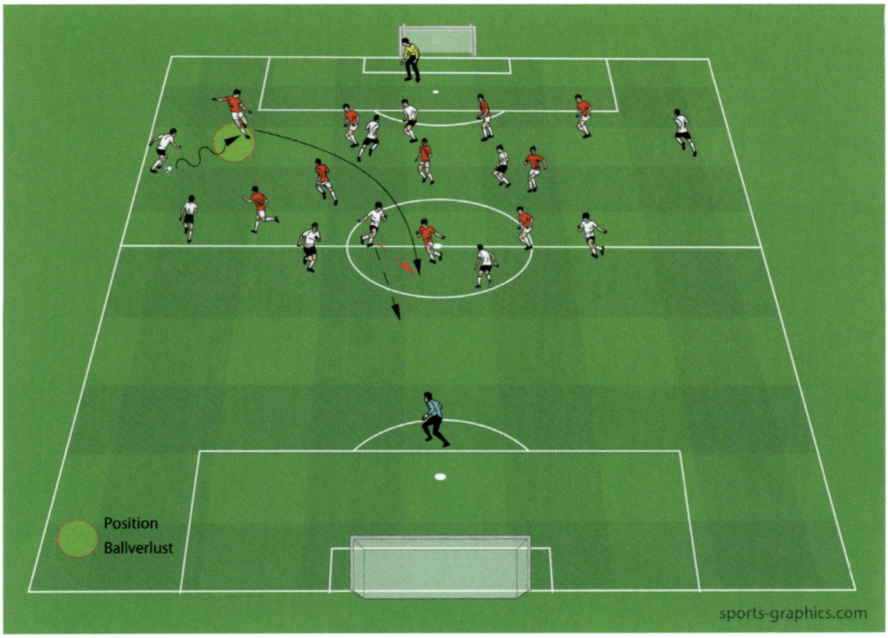

Geht der Ball nach Ballverlust über unseren Sechser hinweg in Richtung gegnerischer Mittelstürmer, hat er zwei Möglichkeiten, bei denen er auf jeden Fall zurücksprinten muss. Die erste Option heißt „doppeln" oder sich in Richtung Ball zurückfallen lassen. Die zweite besteht darin, dem Innenverteidiger, der sich auf den Mittelstürmer zubewegt, Rückendeckung zu geben.

Im obigen Beispiel ist die Ausgangssituation ein Mittelfeld mit einem offensiven Mittelfeldspieler. Bei einer Aufstellung mit einem defensiven Mittelfeldspieler ist oft vorher schon deutlicher, wer als Sechser fungiert, wer der sogenannte *Troublemaker* (Typ Gennaro Gattuso) ist, wer der *Playmaker* (Typ Frenkie de Jong, Dribbler, Halbraumspieler) und wer der *Quarterback* (Typ Andrea Pirlo, Spielverteiler). Hier gibt es kein Richtig oder Falsch, jeder Trainer kann es halten, wie er will.

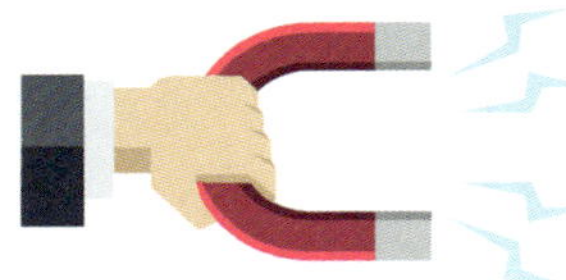

Magnetspieler

Bei einem Deep Run (s. auch S. 43) und einem Pass in die Tiefe möchten wir dahinter einen sogenannten *Dominospieler* haben (s. Abb.). Bei Ballbesitz kann er einen Rückpass unterstützen. Nach Ballverlust ist der Dominospieler zur Rückendeckung direkt in der Nähe (Bodyguard). Außerdem ist er in Bewegung, wodurch er schneller reagieren kann.

Daneben kennen wir einen zweiten Dominospielertyp, den sogenannten *Magnetspieler*. Er soll einen gegnerischen Spieler durch eine Laufaktion binden und seinem Mitspieler so zum Ballbesitz verhelfen.

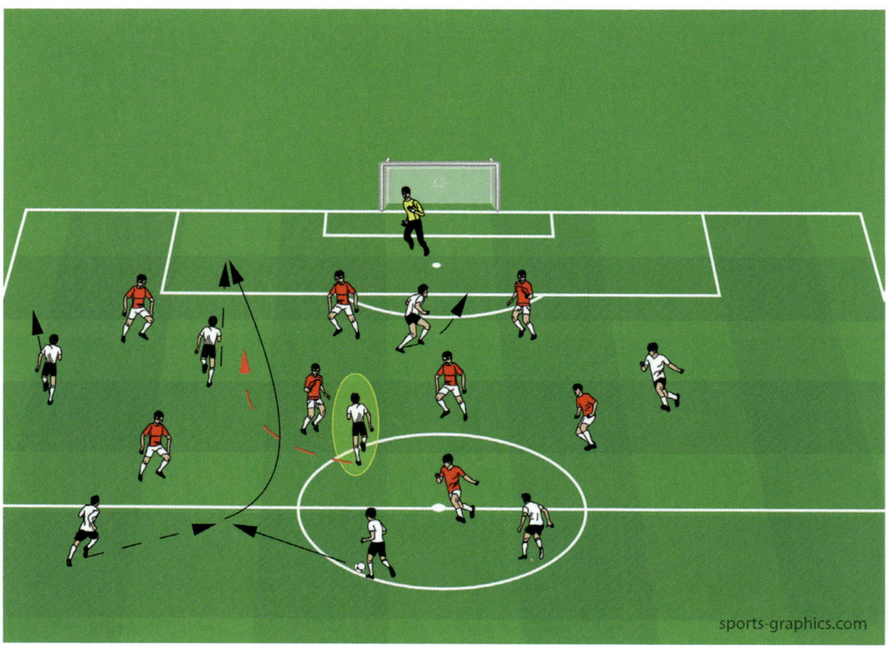

Der Dominospieler (gelb eingekreist) folgt bei Ballbesitz einem in die Tiefe geschickten oder in die Tiefe laufenden Spieler. Der weiße Linksaußen und der weiße Mittelstürmer sind in diesem Beispiel die Magnetspieler, die ihren jeweiligen Gegenspieler zu binden versuchen.

Groß oder klein

Es gibt Gegenpressingtrainer, deren Spieler auch bei Ballbesitz nicht zu weit auseinanderstehen sollen, da es nicht ihrem Verständnis von Gegenpressing entspricht. Alle Spieler sind „Insider", sie halten das Spielfeld klein und müssen bei Ballbesitz vor allem Tiki-Taka spielen. Eigentlich baut ihr ganzes Spiel darauf auf, Ballverlust zu erleiden. Das Spielfeld groß zu machen, wäre in diesem Fall kontraproduktiv. All das hat mit dem Binden des jeweiligen Gegenspielers zu tun, auch für Gegenpressingtrainer wie mich, die das Spielfeld bei Ballbesitz groß machen wollen. Läuft der Gegner hinter dir her oder nicht?

Angenommen, meine Mannschaft macht das Spielfeld bei Ballbesitz groß, das gegnerische Team folgt unseren Spielern halbwegs, und wir verlieren den Ball, dann müssen sie genau wie wir ein paar Entfernungen überbrücken. Stehen sie von vornherein bereits deutlich „kleiner", müssen wir von unseren Positionen aus viel größere Strecken zurücklegen, um ins Gegenpressing zu kommen. Bei Ballbesitz will ich sowieso, dass die Gegenseite besetzt oder sogar doppelt besetzt ist. Die Position nenne ich dann den „Outsider" (s. Abb.).

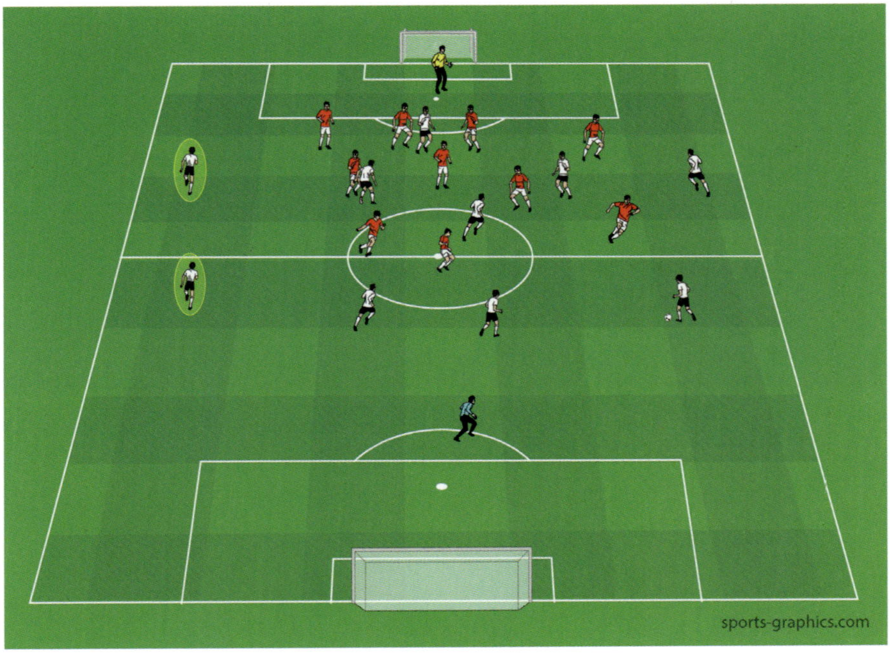

Bei Ballbesitz will ich sowieso, dass die Gegenseite besetzt oder sogar doppelt besetzt ist. Die Position nenne ich dann den „Outsider".

Hiermit versucht man unter anderem, beim am nächsten stehenden Flügelverteidiger Verzweiflung zu säen. Zunächst wird er sich vielleicht noch in Richtung Ball bewegen, doch sobald wir unseren Sechser an den Ball bekommen, konzentriert sich der Flügelverteidiger meist mehr auf seinen Mann, das heißt unseren Outsider, als auf den Ball. Unsere Spieler auf der Gegenseite dienen also nicht direkt als Anspielpunkt, sondern mehr zur Bindung des Gegners.

Unsere Flügelspieler auf der Ballseite machen das Spielfeld bei Ballbesitz relativ klein, aber auch dort wollen wir eigentlich gegnerische Spieler zu uns hinlocken, um zum Beispiel unserem Mittelstürmer mehr Freiraum zu verschaffen. Anschließend versuchen wir, uns mittels Positionsspiel, Deep Runs, einem Pass in die Tiefe oder einer Flanke dem Druck zu entziehen (s. Abb.).

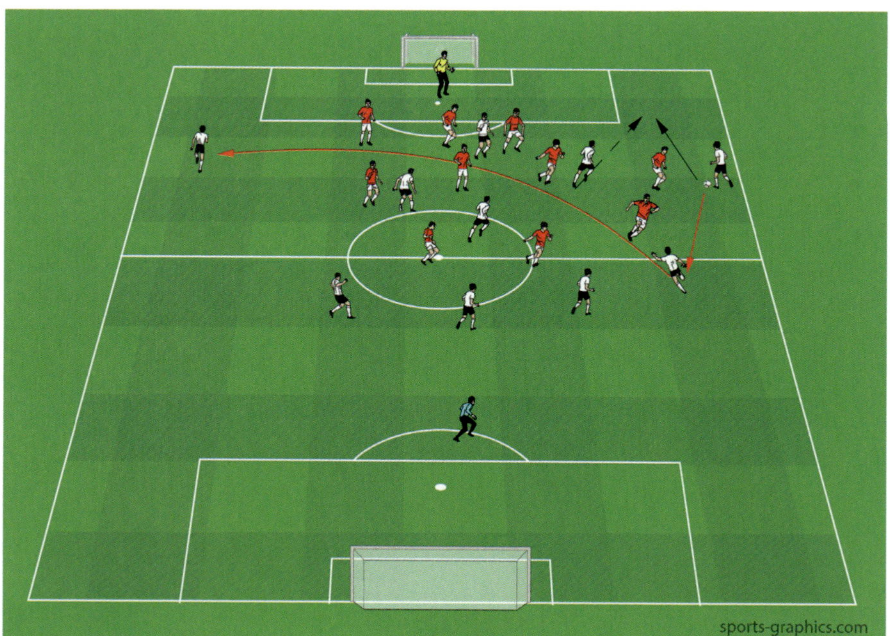

Wir versuchen, uns mittels Positionsspiel, Deep Runs, einem Pass in die Tiefe oder einer Flanke dem Druck zu entziehen.

2 plus 1 oder 3 plus 1

Bei meiner Restverteidigung, das heißt der Defensivorganisation im Falle eines Ballverlusts, gehe ich in der Regel von „2 plus 1" oder „3 plus 1" aus, das heißt, von zwei oder drei Verteidigern plus unserem Sechser. Also einen oder zwei Verteidiger mehr hinten halten, als der Gegner vorne hat.

Das muss allerdings dynamisch geschehen! Das heißt, wir haben den Ball und stehen hinten plus 1; anschließend verlieren wir den Ball, und unser Gegenpressingmoment beginnt, wobei es uns nicht stört, wenn wir dann hinten 1 gegen 1 stehen (s. Abb.).

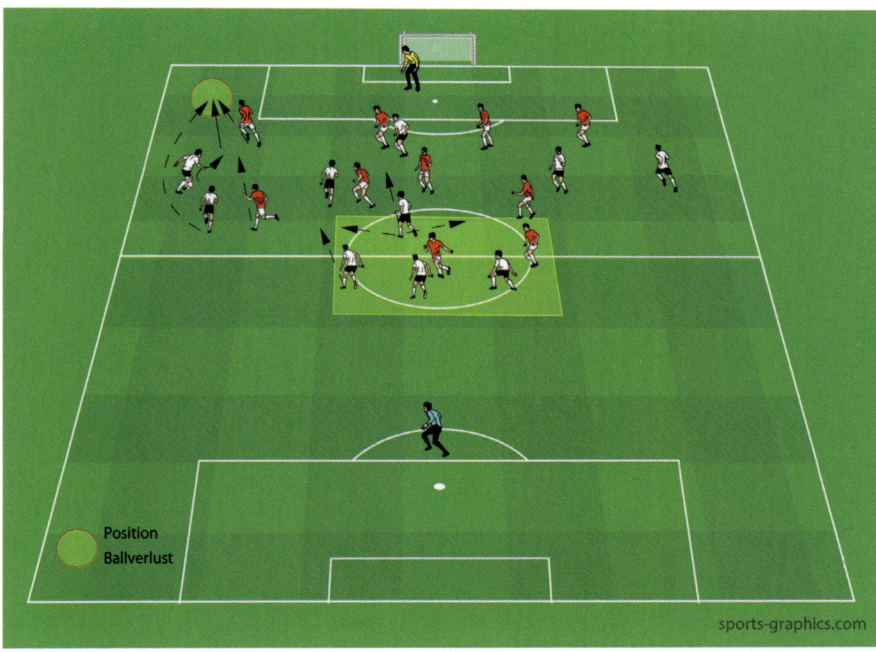

Wenn wir den Ball verlieren, und unser Gegenpressingmoment beginnt, stört es uns nicht, wenn wir dann hinten 1 gegen 1 stehen. Idealerweise werden in diesem Fall jedoch Passwege abgeschnitten. Der rote Mittelstürmer wird gedoppelt.

Vor den Mann (Vordecken)

Bei einem Angriff der eigenen Mannschaft müssen vor allem die Verteidiger auf jeden Fall neben ihren direkten Gegenspieler kommen. Manchmal sogar etwas davor, doch das mögen Verteidiger im Allgemeinen nicht besonders. Wo sie auch stehen, im Gegenpressingmoment und bei einem möglichen tiefen Ball des Gegners müssen unsere Verteidiger superschnell reagieren oder genau genommen antizipieren.

Am besten sollen sie dann vor ihren Mann kommen, beim Zweikampf aggressiv sein und den Ball abfangen (s. Abb.). Mit dem Prinzip „vor den Mann kommen" beschäftigen wir uns unter anderem in Spielform 16 auf S. 80. Eine wichtige Voraussetzung dafür ist ein gutes Reaktionsvermögen.

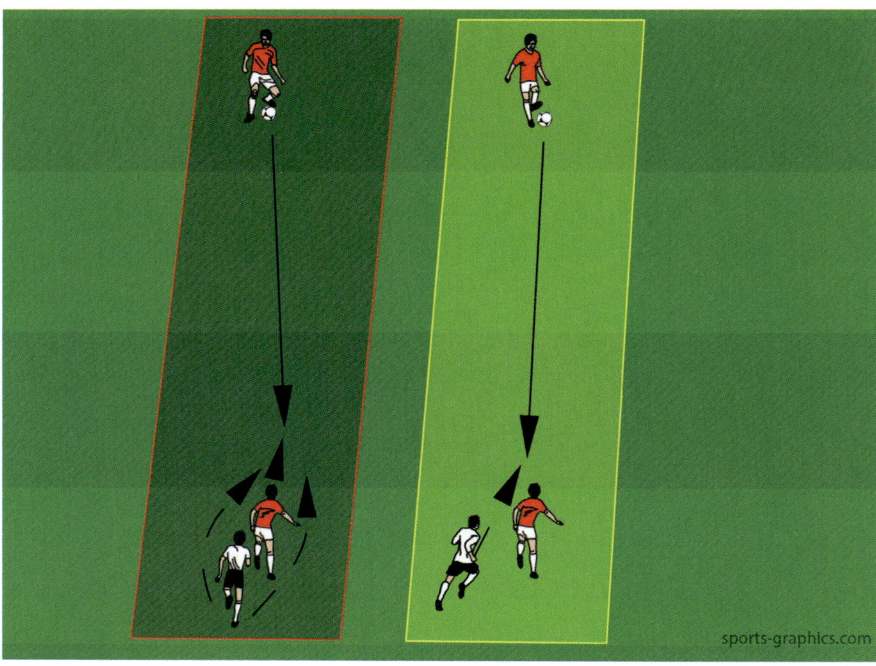

Das weiße Team spielt Gegenpressing. Es ist besser, neben seinem Gegenspieler anzufangen und dann „vor den Mann" zu kommen (rechts), als ihm einen Vorsprung zu geben (links).

Deep Runs (tiefe Laufwege)

Zur Vergrößerung der Chancen auf gute Gegenpressingmomente kann man als Mannschaft zum Beispiel bewusst Deep Runs einsetzen. Ein Deep Run ist ein Lauf in die Tiefe hinter die gegnerische Abwehr, am liebsten diagonal und im Rücken eines Gegenspielers. Diese Aufgabe kann ein Stürmer, aber auch ein offensiver Mittelfeldspieler übernehmen. Letzteres ist oft noch überraschender und macht das Spiel dynamischer.

Die Zeiten sind vorbei, in denen drei Stürmer auf einer Linie vorne stehen. Ich nenne das wie „Chicken Line" dastehen, das heißt wie Hühner auf der Stange. So etwas ist zu einfach zu verteidigen. Stattdessen bin ich ein Verfechter des Schaffens ständiger Gefahr durch Deep Runs.

Bei einem Deep Run kommt ein langer Ball hinter die letzte gegnerische Linie. Bleiben wir in Ballbesitz, ist das schön, und wir können weiter angreifen. Der Ball in die Tiefe kann aber auch abgefangen werden und/oder verloren gehen. Kein Problem, dann müssen wir eben direkt in den Gegenpressingmodus kommen. Eigentlich muss das sogar schon ein paar Sekunden vorher passieren. In dem Moment, in dem der lange Ball gespielt wird, müssen alle aus ihrer Position heraus in Richtung Ball aufrücken, damit wir noch schneller auf den Gewinn des zweiten Balls reagieren können (s. Abb.).

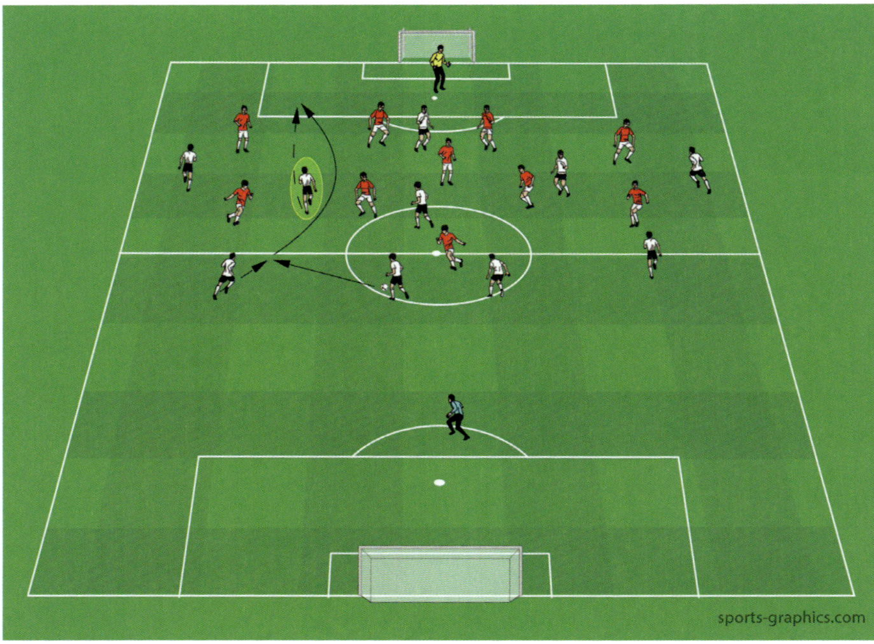

Bei einem Deep Run kommt ein langer Ball hinter die letzte gegnerische Linie. Bleiben wir in Ballbesitz, ist das schön, und wir können weiter angreifen. Der Ball in die Tiefe kann aber auch abgefangen werden und/oder verloren gehen. Kein Problem, dann müssen wir eben direkt in den Gegenpressingmodus kommen.

Abbruch (2. Welle)

Wann bricht man den Gegenpressingmoment ab? Hierfür ist die Entfernung zwischen dem Ball und dem nächsten eigenen Spieler entscheidend. Ist die Strecke nicht mehr zu erlaufen, und der gegnerische Spieler hat den Ball kontrolliert am Fuß, sollte man sich besser in die Defensivorganisation zurückfallen lassen. Einerseits geht es also um die Abstände zueinander, andererseits aber auch um die Frage, ob der Ball noch unterwegs ist.

Ein Beispiel für eine recht häufige Situation ist der Rückpass des Gegners zum eigenen Torwart (s. Abb.). Wir haben den Ball gerade in der Mitte der gegnerischen Hälfte verloren, und der Gegner passt zum Torwart zurück. Obwohl die Entfernungen relativ groß sind, rollt der Ball noch immer, und der Moment ist noch immer geeignet, Druck auf den Torwart auszuüben. Sobald dieser jedoch Zeit und Raum für eine kontrollierte Ballannahme erhält, gehen wir zum organisierten Pressing über.

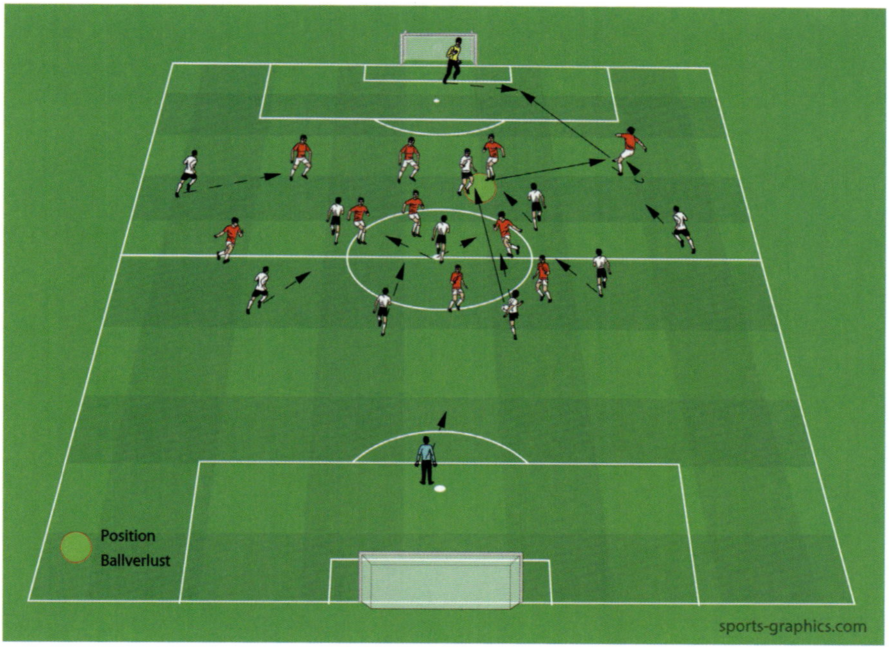

Die Entfernung zwischen dem Ball und dem nächsten eigenen Spieler entscheidet darüber, ob es sinnvoller ist, das Gegenpressing abzubrechen. Das heißt, wenn die Strecke nicht mehr zu erlaufen ist und der gegnerische Spieler den Ball kontrolliert am Fuß hat, sollte man sich besser in die Defensivorganisation zurückfallen lassen.

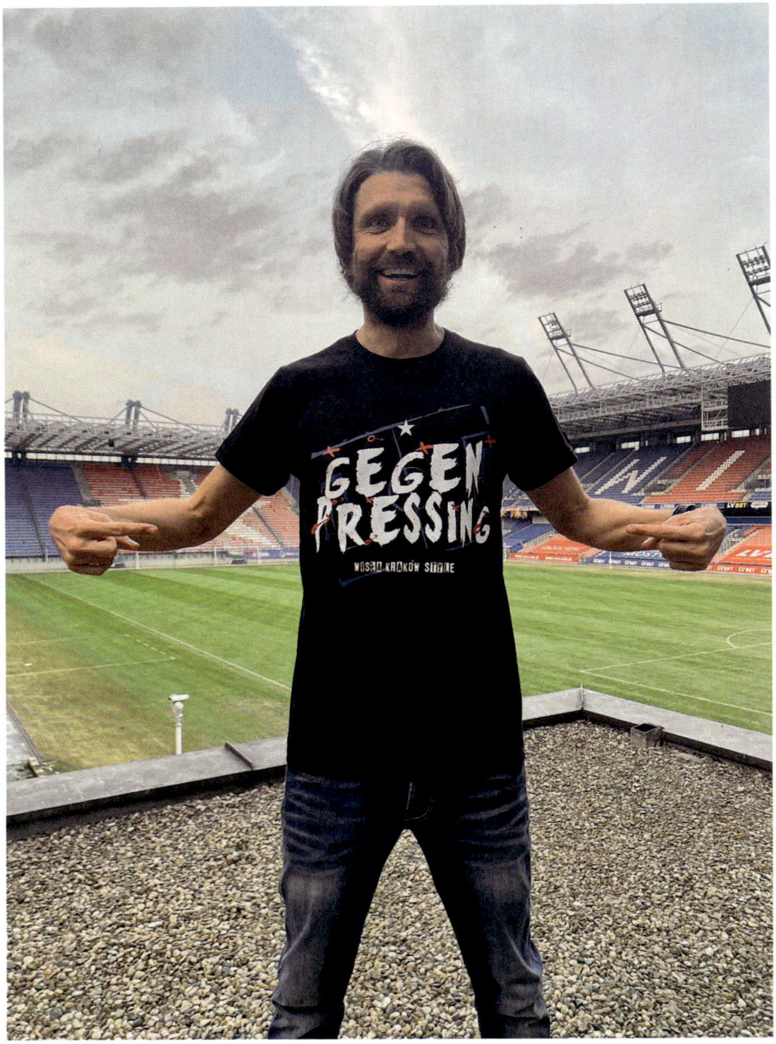

Bei Wisla Krakau gab es direkt ein eigenes T-Shirt für den Gegenpressing-Spielstil.
Foto: Hyballa

Gegenpressing trainieren

> BEIM TRAINING ZUM GEGENPRESSING TRAINIERT MAN ZWANGSLÄUFIG AUCH „DAS ANDERE TEAM".

Beim Training zum Gegenpressing wähle ich häufig ein relativ kleines Feld im Verhältnis zur Spieleranzahl, da es hier vor allem darum geht, Druck auf den Ball auszuüben. Die Spieler sollen ballorientiert und weniger mannorientiert agieren. Letzteres ist bei größeren Räumen, bei denen die Spieler eher geneigt sind, sich umzuschauen, schneller der Fall. Natürlich ist es gut, zu wissen, was um einen herum passiert, doch beim Gegenpressing will ich den Fokus vor allem auf dem Ball sehen.

Als Trainer kann man das Tempo einer Übung bestimmen, indem man selbst Bälle einspielt. Das sollte ganz bewusst und nicht immer mit dem perfekten Flachpass geschehen. Gerade ein schlecht hereingegebener Ball muss für die Spieler ein Pressingauslöser sein. Und nach einem Treffer sollte der nächste Ball nicht immer dem erfolgreichen Team zugespielt werden. Damit sollen die Spieler lernen, dass sie keine Zeit zum Jubeln oder Trauern haben. In einem richtigen Spiel wird nach einem Tor der Anstoß auch von der gegnerischen Mannschaft ausgeführt.

Beim Training zum Gegenpressing trainiert man zwangsläufig auch „das andere Team". Man darf also annehmen, dass sich damit auch das Ballbesitzspiel positiv entwickelt, allein schon deshalb, weil man so mit Gegenpressing beschäftigt ist. Die Anforderungen an das Spiel mit dem Ball werden einfach höher, da man ihn sonst nie behaupten kann. Gegenpressing lässt sich sogar trainieren, indem man nur das Sparringteam coacht. Außerdem verhindert man damit, dass die Spieler die Ohren auf Durchzug schalten. Wer jeden Tag „Bolt!", „Bodyguard!" und „Iglu!" hört, ist irgendwann vielleicht genervt davon.

Mit einer geeigneten Organisation nebst Spielregeln (z. B. nur ein Ballkontakt) sowie insbesondere durch das Coachen des gegnerischen Trainingsteams versucht man, trotzdem ein Verhalten zu erreichen, das zu den obigen Begriffen gehört. Man beobachte einmal das Verhalten des verteidigenden Teams, wenn das angreifende Team innerhalb von vier Sekunden abschließen muss. In diesem Fall liegt der Nachdruck auf dem Verhindern des tiefen Balls. Oder aber, wenn sie erst nach sechs

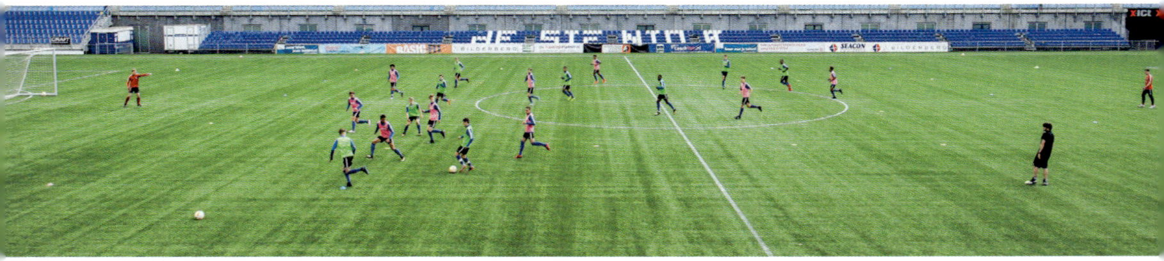

Foto: De Voetbaltrainer

Pässen abschließen dürfen. Jetzt liegt der Fokus mehr auf der Rolle des Bodyguards. Indem man die Spielregeln für das angreifende Team dergestalt manipuliert, verändert man das Verhalten der Defensive.

Bei meinen Trainerworkshops zum Thema Gegenpressing habe ich alle möglichen Mannschaften ab der U13 gecoacht. Dabei war es für mich interessant, zu beobachten, dass die Spieler der U13 die Prinzipien des Gegenpressings von Natur aus am besten umsetzten. Sie waren viel weniger „auf der Hut" und trauten sich unbewusst, beim Pressen viel zu riskieren, wenn ich sie dazu ermutigte. Höhere Altersklassen dachten nach Ballverlust schon viel mehr aus der Organisation heraus.

Auch bei meinen letzten Vereinen konnte ich feststellen, dass sich ältere, vor allem defensive Spieler schwerer zum Gegenpressing bewegen lassen als jüngere. Das spricht meiner Ansicht nach dafür, auch beziehungsweise gerade bei den jüngeren Jugendmannschaften dem Thema Gegenpressing nachdrücklich Aufmerksamkeit zu schenken, bevor sich die Spieler in einem weniger dynamischen Defensivspiel festfahren.

Das bedeutet wohlgemerkt nicht, von diesem Zeitpunkt an in jedem richtigen Spiel Gegenpressing anwenden zu müssen. So aber gehört es zumindest schon einmal zum Instrumentarium der Spieler, die es bereits kennengelernt haben. Meines Erachtens bestimmt die Entfernung zum Ball im Moment des Ballverlusts, ob Gegenpressing möglich ist oder nicht. Beträgt sie nur ein paar Meter, warum sollte man es dann nicht versuchen?

JÜNGERE FUSSBALLER SETZEN DIE PRINZIPIEN DES GEGENPRESSINGS VON NATUR AUS BESSER UM ALS ÄLTERE.

Mit den nachfolgenden Trainingsübungen zum Gegenpressing sind mehrere Ziele verbunden. So sollen die Spieler zum einen unsere speziellen Coachingbegriffe kennenlernen. Schließlich müssen Spieler und Stab dieselbe Sprache sprechen. Außerdem möchte ich, dass sie viele Erfolgserfahrungen machen, damit sie noch mehr vom Nutzen des Gegenpressings überzeugt sind. Sie sollen diese Taktik nicht nur mit viel Lauferei und Arbeit gleichsetzen. Denn mit dieser Spielweise versuchen wir, gegnerische Chancen zu verhindern und in der gegnerischen Hälfte selbst öfter gefährlich zu werden.

Durch die Art der Übungen wird darüber hinaus die für das Gegenpressing erforderliche spezifische Kondition gefördert. Richtig ausgeführt, können die meisten Trainingsübungen ziemlich intensiv sein! Dabei unterscheide ich verschiedene Formen: Aufwärmübungen (die auch schon spezifisch sein können bzw. müssen!), Passübungen, Rondos, Positionsspiele, Abschlussübungen und Spielformen.

Spielform 1: Spezifisches Warm-up

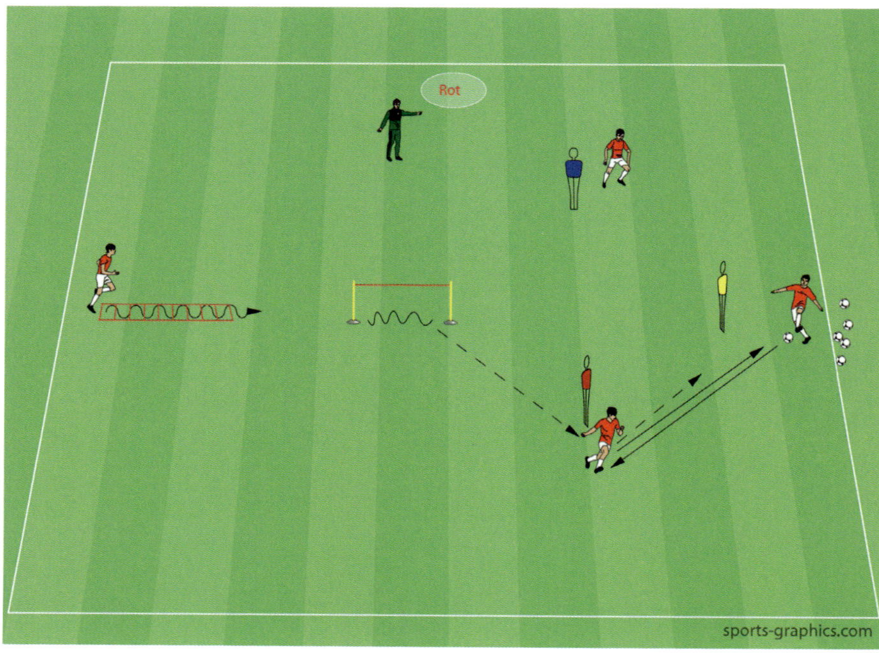

Organisation

- Für jede Gruppe mit jeweils fünf bis acht Spielern eine Koordinationsleiter (oder Hütchen für den Zickzacklauf), zwei mit einem Band verbundene Stangen sowie drei Trainingsdummys mit verschiedenfarbigen Leibchen.
- Bei jedem Trainingsdummy steht ein Spieler.
- Der Spieler beim gelben Trainingsdummy hat mehrere Bälle.
- Abwechselnd arbeiten jeweils zwei Spieler.

Übungsbeschreibung

- Warm-up als Vorbereitung auf eine Gegenpressingübung.
- Koordinationsleiter oder schnelle Beinarbeit bei den Hütchen.
- Anschließend seitwärts unter dem Band durch, bis der Trainer pfeift und eine Farbe ruft.
- Zu dieser Farbe muss der Spieler beim gelben Trainingsdummy den Ball spielen.
- Auf diese Farbe muss der Spieler, der beim Band beschäftigt war, Druck ausüben (sprinten).
- Der Ball wird zum Ausgangspunkt zurückgespielt, und auch dorthin muss im Sprint Druck ausgeübt werden.

Varianten

- Die Spieler beim blauen und roten Trainingsdummy dürfen wählen: Entweder direkt auf Gelb zurückklatschen lassen oder eine kurze Dribbelaktion; der pressende Spieler muss entsprechend reagieren und sein Druckspiel gestalten.
- Ohne Beinarbeit; Pässe im Dreieck der Trainingsdummys: Einspielen und dem eigenen Ball hinterhersprinten.

Spielform 2: Passspiel mit Störsender

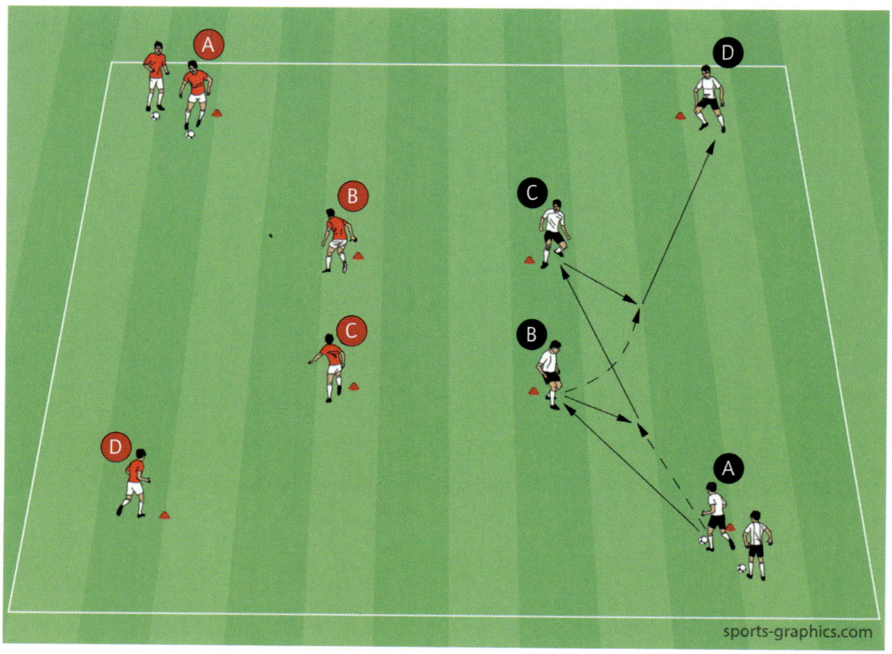

Organisation

- Flache Scheiben in einem Abstand von etwa zwei Metern zur Markierung der Startpositionen verteilen.
- Sobald sich die Spieler an die Übung gewöhnt haben, empfiehlt es sich, ohne Markierungen zu arbeiten.

Übungsbeschreibung

- Passübung, nach Möglichkeit mit einem Ballkontakt.
- Spieler A passt zu Spieler B, B lässt auf A zurückklatschen, A passt zu C, C dribbelt zum anderen Startpunkt; oder B schließt sich an, während C klatschen lässt, und spielt zu D, wonach alle eine Station weiterrücken (s. Abb.).

- Dasselbe von der anderen Seite.
- Wir spielen hier meist gerade Pässe.
- Sobald die Übung einmal läuft, stört der Trainer den Ablauf, indem er den Spielern in den Weg läuft, den Ball abfängt oder wegtritt. Die Spieler müssen ihre Aktionen dann entsprechend anpassen: besser freilaufen, kurz mit dem Pass warten, länger dribbeln.
- Es kann auch interessant sein, die Störaktionen vor Beginn der Übung nicht anzukündigen. Sind die Spieler frustriert, oder lösen sie die Situation sofort? Hier gibt es Ähnlichkeiten zum Gegenpressing.
- Das Ganze darf keine träge Rundlaufübung werden. Der Fokus sollte direkt auf Tempo und auf einer konzentrierten Ausführung liegen.

Coaching

- „Enges Passspiel."
- „Sucht euch freie Passwege."
- „Ein Ballkontakt, wenn möglich, zwei Ballkontakte, wenn nötig."
- „Wartet mit eurem Pass, wenn es keinen freien Passweg gibt."
- „Lauft euch gut frei. Ein Meter kann bereits einen Unterschied ausmachen."
- „Jammert nicht herum, löst jede Situation zusammen und schnell."

Varianten

- Die Übung kann bereits mit einem Abstand von drei Metern zwischen den Scheiben durchgeführt werden, d. h. auf sehr kleinem Raum.
- Der Trainer übt Ball- oder Raumdruck aus.

Spielform 3: Passspiel mit Störsender XL

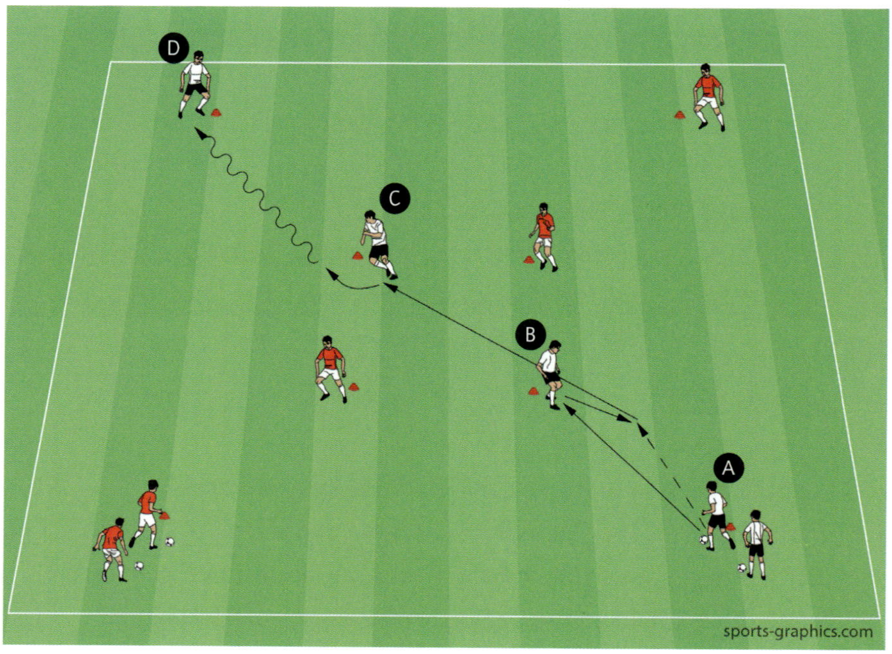

Organisation

- Flache Scheiben zur Markierung der Startpositionen verteilen; sobald sich die Spieler an die Übung gewöhnt haben, empfiehlt es sich, ohne Markierungen zu arbeiten.
- Ein Spielfeld von etwa 12 x 12 m abmessen.

Übungsbeschreibung

- Passübung.
- Spieler A passt zu Spieler B, der auf A zurückklatschen lässt, A passt zu C und durchkreuzt damit eine andere Vierergruppe, die auf der zweiten Diagonale dieselbe Übung ausführt; C dribbelt zum anderen Startpunkt oder auf derselben Diagonale hin und her.
- Dasselbe von der anderen Seite.

- Sobald die Übungsorganisation deutlich ist, stört der Trainer den Ablauf, indem er den Spielern in den Weg läuft, den Ball abfängt oder wegtritt. Die Spieler müssen ihre Aktionen dann entsprechend anpassen: sich besser freilaufen, kurz mit dem Pass warten, länger dribbeln.
- Im nächsten Schritt stört nicht der Trainer, sondern eine dritte Spielergruppe. Dabei ist darauf zu achten, dass sie sich mit ihren Aktionen der Frustrationsgrenze der passenden Gruppen nähern, den Ball aber noch nicht maximal abjagen, da dies am Ziel dieser vorbereitenden Übung vorbeigehen würde.
- Das Ganze darf keine träge Rundlaufübung werden. Der Fokus sollte direkt auf Tempo und auf einer konzentrierten Ausführung liegen.
- Die Spieler sollen die Begriffe, die zum Gegenpressing gehören, kennenlernen:
  - ➜ Balldruck
  - ➜ Raumdruck (in den Weg laufen)
  - ➜ Balldieb
  - ➜ Ansprinten
  - ➜ Isolieren
  - ➜ Passwege zustellen
  - ➜ Rücken des Gegners (ist ein Gegenpressingauslöser)

Coaching

- „Enges Passspiel."
- „Sucht euch freie Passwege."
- „Ein Ballkontakt, wenn möglich, zwei Ballkontakte, wenn nötig."
- „Schaut gut, ob und wann es eine Passmöglichkeit gibt."
- „Wartet mit eurem Pass, wenn es keinen freien Passweg gibt."
- „Lauft euch gut frei. Ein Meter kann bereits einen Unterschied ausmachen."
- „Jammert nicht herum, löst jede Situation zusammen und schnell."

Variante

- Nicht zurückklatschen lassen. Stattdessen dreht Spieler B auf.

Spielform 4: Der Ball ist frei

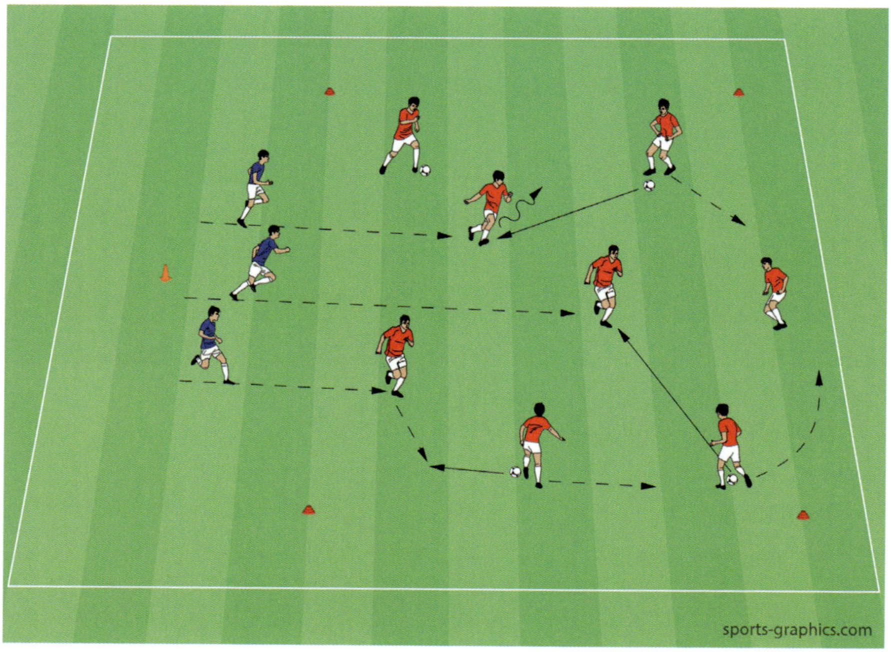

Organisation

- Ein Spielfeld von 10 x 10 m abmessen (die Spielfeldgröße gegebenenfalls der Spieleranzahl anpassen).
- Ein Kegel dient als Startpunkt für die hereinkommenden Verteidiger (Fänger).
- Die Fänger tragen andersfarbige Trikots.

Übungsbeschreibung

- Innerhalb des Spielfelds hat die Hälfte der Spieler einen Ball am Fuß.
- Wer in Ballbesitz ist, kann nicht gefangen werden.
- Die Fänger jagen also vor allem Spieler ohne Ball.
- Spieler mit Ball müssen Spielern ohne Ball helfen, indem sie ihnen den Ball zuspielen; anschließend bringen sie sich in Sicherheit, weg von den Fängern.
- Maximal 45 Sekunden pro Wiederholung, dann werden die Fänger ausgetauscht.

Coaching

Fänger:

- „Lauft volles Pfund! Kurze Sprints."
- „Schaut euch gut um! Wer wird euer Pressingopfer?"
- „Arbeitet zusammen, kreist eure Gegner ein."

Angreifer:

- „Schaut euch immer gut um. Reagiert schnell auf neue Situationen."
- „Verlangt den Ball nur, wenn es nötig ist."
- „Sucht euch sofort eine neue Position, nachdem ihr den Ball abgespielt habt."
- „Spielt nicht unaufgefordert einen Ball herein. Die Gefahr ist groß, dass er dann aus dem Feld verschwindet."

Varianten

- Mehr oder weniger Fänger.
- Eventuell mit einem zusätzlichen Ball anfangen.
- Eine andere Spielfeldform (Dreieck, Kreis).
- Auch die Fänger dürfen den Ball wegschießen. Danach wird es für die Angreifer viel schwerer.

Spielform 5: Kurzer Balldruck

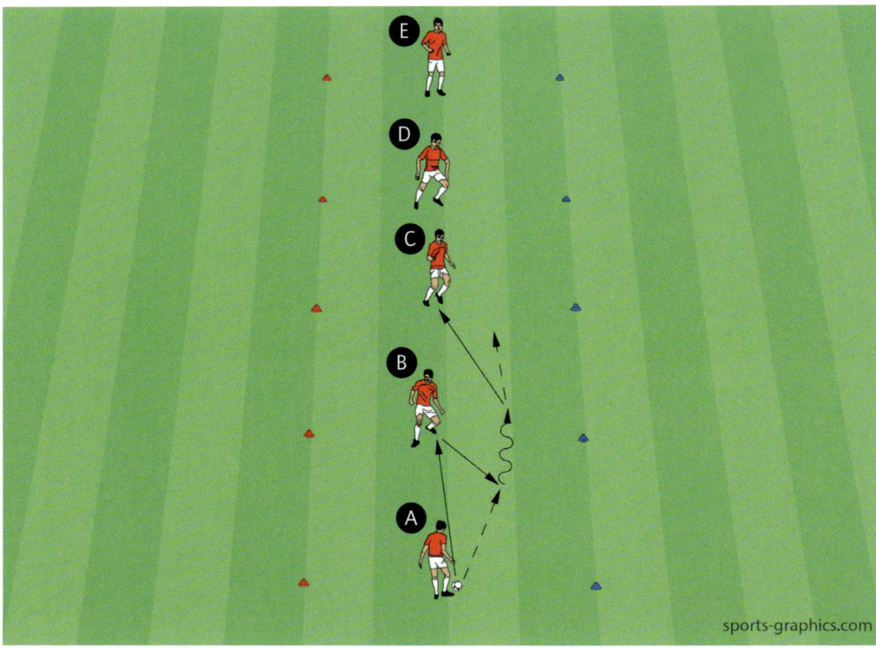

Organisation

- Zwei verschiedenfarbige Hütchenreihen aufstellen.
- Zwischen den Hütchen ist etwa vier Meter Abstand.

Übungsbeschreibung

- Spieler A passt zu Spieler B.
- B lässt den Ball auf A zurückklatschen und übt Druck auf den Ball aus.
- A geht an B vorbei und spielt zu C, der wieder auf A klatschen lässt.

- Anschließend geht A an C vorbei (und dann genauso an D und E).
- B rückt zur Startposition von A auf. C rückt zur Position von B auf etc.

Coaching

Verteidigend:

- „Schnelle Bewegungen, kleine Schritte, gebeugte Knie, Vorfußlauf, schnelles Reagieren."
- „Zwingt den Gegner in eine Richtung."
- „Bevorzugt der Gegner eine Seite?"

Angreifend:

- „Gute erste Ballannahme."
- „Schaut über den Ball hinweg."
- „Wo habt ihr Möglichkeiten?"

Varianten

- Wenn A direkt C anspielt und C versucht anschließend, an B vorbeizugehen, entsteht eine 2-gegen-1-Situation, aus der B (Verteidiger) eine 1-gegen-1-Situation zu machen versuchen muss.
- Als Wettkampf mit Punkten, bei der mit den Hütchenfarben gearbeitet werden kann. In diesen „Toren" muss gedribbelt werden. Der ballführende Spieler kann zwischen blau (ein Punkt) oder rot (drei Punkte) wählen. Dann wird der Verteidiger den ballführenden Spieler bewusst in eine Richtung drängen (möglichst blau). Diese Wettkampfform hat Ähnlichkeit mit Gegenpressing, bei dem der Druck ausübende Spieler versucht, den Gegner in Richtung Bodyguard zu zwingen.

Spielform 6: Positionsspiel 1 gegen 3

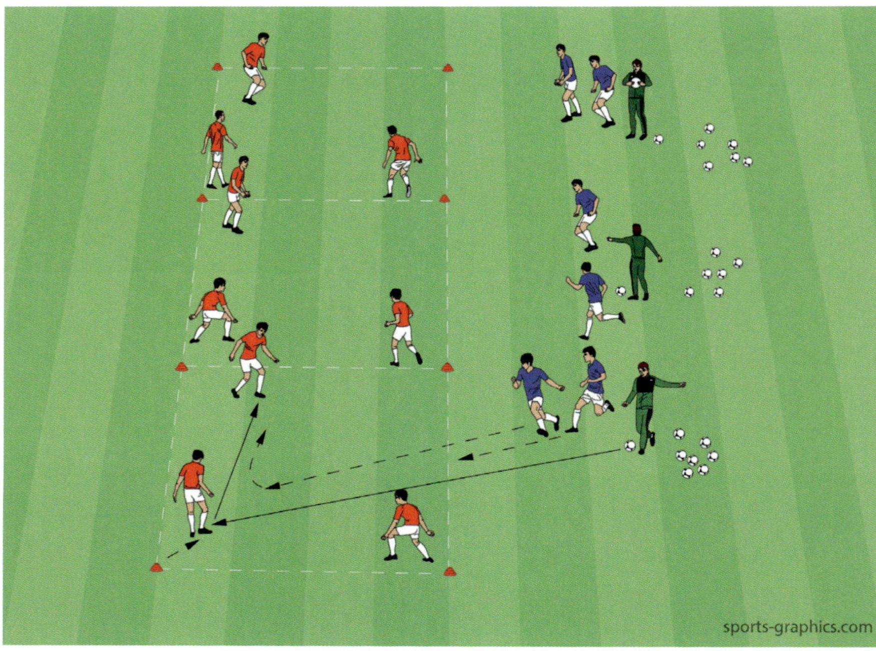

Organisation

- Mehrere nebeneinanderliegende Spielfelder von 5 x 5 m (oder kleiner) abmessen.
- Bei den einspielenden Trainern/Spielern außerhalb der Spielfelder liegen viele Bälle.
- Für die Verteidiger sind Leibchen vorhanden; in der Hand halten reicht.
- Drei Spieler pro Spielfeld.
- Zwei Verteidiger stehen direkt außerhalb jeden Spielfelds bereit.

Übungsbeschreibung

- Sobald der Trainer (oder der zweite Verteidiger) den ersten Ball ins Spielfeld spielt, der Ball also rollt, übt der Verteidiger vollen Druck auf den Ball aus.

- Durchgänge von 30-45 Sekunden, da die Übung sehr intensiv ist.
- Vorab eine deutliche Punktezählung vereinbaren, zum Beispiel:
  - ➜ Ballkontakt oder Ball im Aus ist ein Punkt für den Verteidiger; anschließend spielt der Trainer direkt den nächsten Ball ein, worauf der zweite Verteidiger von außerhalb des Spielfelds hinter dem Ball herrennt; als Dritter ist dann wieder der erste Verteidiger an der Reihe etc.
  - ➜ Den Ball erobern und drei Sekunden halten, sind fünf Punkte für den Verteidiger (auch die Dreiergruppe zeigt in diesem Moment ein Verhalten, das zum Gegenpressing gehört: direktes Umschalten und Druck auf den Ball ausüben).
  - ➜ Die Dreiergruppe punktet nach einer verabredeten Anzahl von Pässen (Herausforderung schaffen). Oder man macht einen Wettkampf zwischen den Dreiergruppen daraus: Welche Dreiergruppe hat nach einer Minute am häufigsten hin- und hergepasst, ehe der Verteidiger den Ball berührt oder erobert oder der Ball ins Aus geht?

Coaching

- „Schnelle Bewegungen, kleine Schritte, gebeugte Knie, Vorfußlauf, schnelles Reagieren."
- „Macht aus dem 1 gegen 3 ein 1 gegen 1."
- „Keine Fouls."

Varianten

- 1 gegen 4, 2 gegen 4, 2 gegen 3.
- Mit 1 gegen 3 anfangen, und nach drei Sekunden kommt ein zweiter Verteidiger hinzu, wodurch eine 2-gegen-3-Situation entsteht.
- Die Dreier-/Vierergruppe darf nicht zu demselben Spieler zurückpassen.

Spielform 7: Usain Bolt und Bodyguard (1)

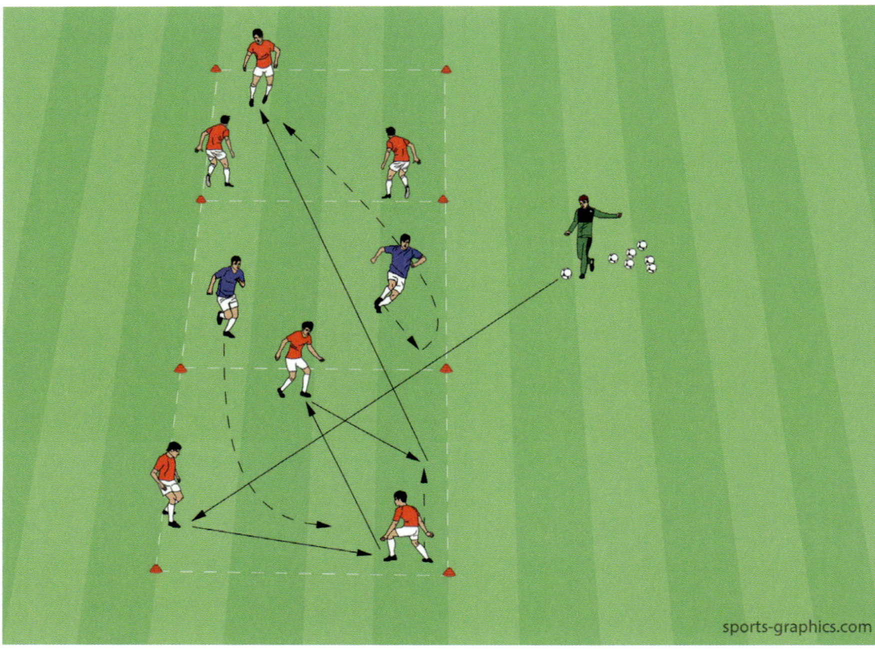

Organisation

- Drei Spielfelder von 4 x 4 m abmessen (die Spielfeldgröße gegebenenfalls dem Niveau anpassen); in den beiden äußeren Spielfeldern wird 1 gegen 3 gespielt; das mittlere Spielfeld ist das sogenannte Zwischengebiet, in dem zwei Bodyguards stehen, von denen immer einer Usain Bolt wird.
- Insgesamt acht Spieler.
- Beim einspielenden Trainer liegen viele Bälle.

Übungsbeschreibung

- Wenn der Trainer den ersten Ball zu einer Dreiergruppe einspielt, muss ein Verteidiger aus dem mittleren Spielfeld Druck auf den Ball ausüben.
- Die Dreiergruppe spielt auf Ballbesitz (fünfmal kreisen lassen ist z. B. ein Punkt); können sie jedoch zum dritten Spielfeld hin öffnen, erhalten sie zehn Punkte.
- Der zweite Verteidiger im mittleren Spielfeld versucht, diesen Pass in die Tiefe zu verhindern.
- Gelingt es der ersten Dreiergruppe, den Ball ins dritte Spielfeld zu spielen, wird der Verteidiger aus dem mittleren Spielfeld der nächste Usain Bolt, der Druck auf den Ball ausübt, und der erste Usain Bolt wird der neue Bodyguard im mittleren Spielfeld.
- Punkte für die Verteidiger wie folgt:
    - ➜ Ballkontakt oder Ball im Aus ist ein Punkt für den Verteidiger; anschließend spielt der Trainer direkt den nächsten Ball ein, worauf der zweite Verteidiger von außerhalb des Spielfelds hinter dem Ball herrennt; als Dritter ist dann wieder der erste Verteidiger an der Reihe etc.
    - ➜ Den Ball erobern und drei Sekunden halten, sind fünf Punkte für den Verteidiger (auch die Dreiergruppe zeigt in diesem Moment ein Verhalten, das zum Gegenpressing gehört: direktes Umschalten und Druck auf den Ball ausüben).
- Bei dieser Übung soll den beiden Verteidigern deutlich werden, warum wir im Wettkampf Gegenpressing spielen wollen: den Pass in die Tiefe und den Konter beim Gegner verhindern oder zumindest so schwer wie möglich machen.

Coaching

Usain Bolt:

- „Übe vollen Druck auf den Ball aus, vor allem bei einem schlechten Pass, einer schlechten Ballannahme, und wenn du den Rücken eines Gegners siehst."
- „Prinzip des kurzen Weges: Wer am nächsten zum Ball steht, sprintet zu ihm hin."

Bodyguard:

- „Stelle die Passwege zu. Wirf zur Orientierung häufig einen schnellen Blick über die Schulter."

Spielform 8: Usain Bolt und Bodyguard (2)

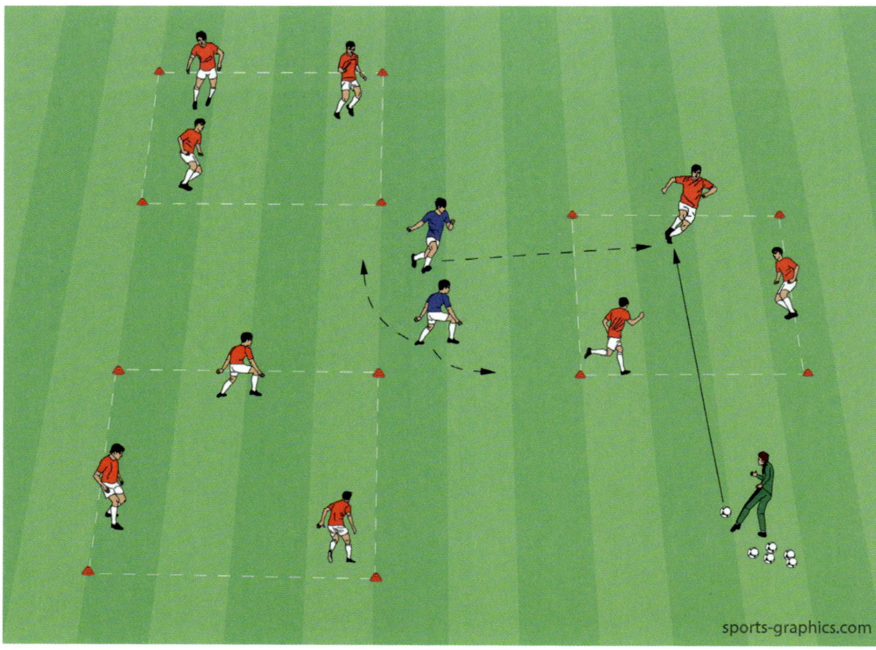

Organisation

- Drei in einer Art Dreieck angeordnete Spielfelder von 4 x 4 m abmessen (die Spielfeldgröße gegebenenfalls dem Niveau anpassen) für eine 1-gegen-3-Situation; in der Mitte Raum für die Bodyguards, von denen zu Beginn immer einer Usain Bolt wird und Druck auf den Ball ausübt.
- Der Trainer steht außerhalb der Spielfelder mit vielen Bällen bereit, die er nacheinander einspielt.
- Insgesamt elf oder zwölf Spieler: Jeweils drei Spieler in den beiden äußeren Spielfeldern und zwei oder drei Bodyguards, die im mittleren Spielfeld beginnen.

Übungsbeschreibung

- Wenn der Trainer den ersten Ball zu einer Dreiergruppe einspielt, muss ein Verteidiger aus dem mittleren Spielfeld Druck auf den Ball ausüben.
- Die Dreiergruppe spielt auf Ballbesitz (fünfmal kreisen lassen ist z. B. ein Punkt); können sie jedoch zum dritten Spielfeld hin öffnen, erhalten sie zehn Punkte.

- Der zweite Verteidiger im mittleren Spielfeld versucht, diesen Pass in die Tiefe zu verhindern.
- Gelingt es der ersten Dreiergruppe, den Ball ins dritte Spielfeld zu spielen, wird der Verteidiger aus dem mittleren Spielfeld der nächste Usain Bolt, der Druck auf den Ball ausübt, und der erste Usain Bolt wird der neue Bodyguard im mittleren Spielfeld.
- Punkte für die Verteidiger wie folgt:
  - ➜ Ballkontakt oder Ball im Aus ist ein Punkt für den Verteidiger; anschließend spielt der Trainer direkt den nächsten Ball ein, worauf der zweite Verteidiger von außerhalb des Spielfelds hinter dem Ball herrennt; als Dritter ist dann wieder der erste Verteidiger an der Reihe etc.
  - ➜ Den Ball erobern und drei Sekunden halten, sind fünf Punkte für den Verteidiger (auch die Dreiergruppe zeigt in diesem Moment ein Verhalten, das zum Gegenpressing gehört: direktes Umschalten und Druck auf den Ball ausüben).
- Bei dieser Übung soll den beiden Verteidigern deutlich werden, warum wir im Wettkampf Gegenpressing spielen wollen: den Pass in die Tiefe und den Konter beim Gegner verhindern oder zumindest so schwer wie möglich machen.

Coaching

Usain Bolt:

- „Übe vollen Druck auf den Ball aus, vor allem bei einem schlechten Pass, einer schlechten Ballannahme, und wenn du den Rücken eines Gegners siehst."
- „Prinzip des kurzen Weges: Wer am nächsten zum Ball steht, sprintet zu ihm hin."

Bodyguard:

- „Stelle die Passwege zu. Wirf zur Orientierung häufig einen schnellen Blick über die Schulter."

Varianten

- Die Bodyguards erhalten freies Spiel, damit sie selbst entscheiden können, wo und wann sie Druck ausüben wollen. Das erhöht unter Umständen die Chance zur Balleroberung. Misslingt die Aktion, wird es jedoch zum Harakiri-Pressing, und die Bodyguards müssen größere Entfernungen überbrücken, um wieder Druck auf den Ball ausüben zu können.
- Nach Balleroberung dem Verteidiger eine Torchance geben: Torwart oder Trainer anspielen oder auf ein kleines Tor schießen lassen.

Spielform 9: Verlagerndes Positionsspiel 1 gegen 3

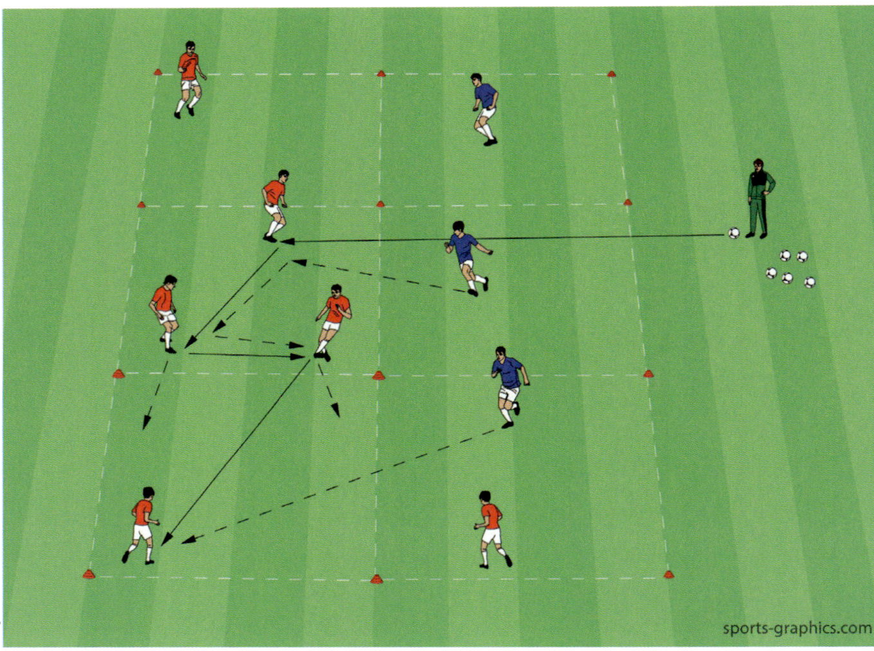

Organisation

- Sechs kleine Spielfelder abmessen (zwei neben-, drei hintereinander, s. Abb.).
- Genügend Bälle beim Trainer deponieren, der außerhalb des Spielfelds steht.

Übungsbeschreibung

- Es wird immer 3 gegen 1 gespielt. Wird das Spiel von der Dreiergruppe in ein anderes Spielfeld verlagert, übernimmt ein anderer Verteidiger die Defensivarbeit, und zwei rote Spieler kommen hinzu.
- Rot kann durch eine bestimmte Anzahl von Pässen Punkte erzielen.
- Blau erhält Punkte bei Ballkontakt, wenn sie den Ball abjagen, den Ball halten (Bonus), oder wenn der Ball ins Aus geht.

Coaching

Usain Bolt:

- „Übe vollen Druck auf den Ball aus, vor allem bei einem schlechten Pass, einer schlechten Ballannahme, und wenn du den Rücken eines Gegners siehst."
- „Prinzip des kurzen Weges: Wer am nächsten zum Ball steht, sprintet zu ihm hin."

Bodyguard:

- „Stelle die Passwege zu. Wirf zur Orientierung häufig einen schnellen Blick über die Schulter."

Varianten

- Zunächst nur mit den drei linken Spielfeldern beginnen. Rot hat also drei Spielfelder zum Spielen sowie zur Spielverlagerung.
- Der Verteidiger mit dem kürzesten Weg zum Ball verteidigt in dem neuen Feld, in das die Dreiergruppe passt.
- Die Übung mündet in einem 6 gegen 3. Sobald die Dreiergruppe den Ball abgejagt hat (Pressing), muss die Sechsergruppe den Ball zurückerobern (Gegenpressing).

Spielform 10: Positionsspiel 2 gegen 5 (plus 3) mit Umschalten

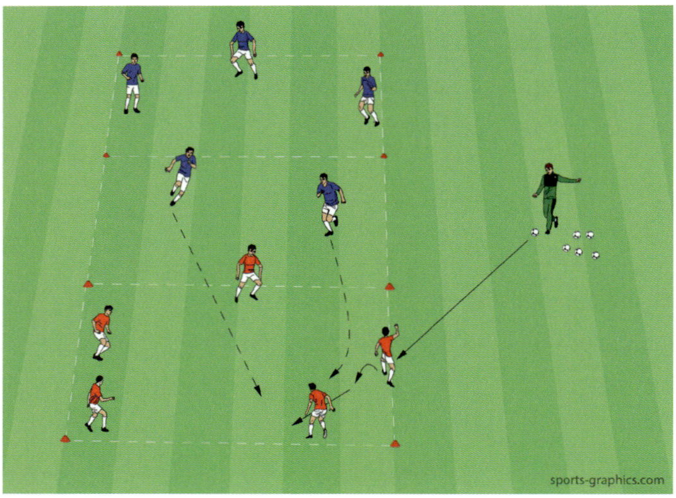

Organisation

- Drei Spielfelder von 10 x 6 m abmessen (die Spielfeldgröße gegebenenfalls dem Niveau anpassen).
- In Spielfeld 1 stehen fünf Spieler, in Spielfeld 2 stehen zwei Verteidiger, und in Spielfeld 3 stehen drei „Angreifer", deren Leibchen jedoch dieselbe Farbe haben wie die der ersten beiden Verteidiger.
- Der Trainer steht mit vielen Bällen zentral außerhalb des mittleren Spielfelds.

Übungsbeschreibung

- In dem Moment, in dem der Trainer den ersten Ball zu den fünf Spielern einspielt, beginnen die beiden Verteidiger, im mittleren Spielfeld Druck auszuüben.
- Die Fünfergruppe versucht, auf Ballbesitz zu spielen. Bei einer bestimmten Anzahl von Pässen (z. B. zehn) gibt es einen Punkt.
- Sobald die Zweiergruppe den Ball erobert hat, versucht sie, zur Dreiergruppe im anderen Spielfeld zu passen. Gelingt es ihnen, schließen sie sich den dreien an, ebenso wie zwei ehemalige Angreifer aus dem ersten Spielfeld, die dann Verteidiger werden.
- Anschließend wird in dem neuen Spielfeld wieder 2 gegen 5 gespielt.
- Geht ein Ball ins Aus, spielt der Trainer den nächsten Ball ein. Das kann er fair machen (d. h., den Ball dem Team zuspielen, dem er eigentlich gehört) oder

unfair (d. h., den Ball zum Beispiel in das andere Spielfeld einspielen, um Frustration zu erzeugen und ein Umschalten zu erzwingen).

- Nach Ballverlust müssen die am nächsten stehenden Spieler der Fünfergruppe nach dem Prinzip des kürzesten Weges eigentlich in das andere Spielfeld umschalten. In der Übung werden die schlauen (faulen) Spieler also viel am Spielfeldrand stehen. Mit diesem Verhalten muss man als Trainer klug umgehen. Schließlich möchte man auch die schlauen bzw. faulen Spieler umschalten sehen.

Coaching

Zweiergruppe:

- „Arbeitet beim Verteidigen immer zusammen: Balldruck (Usain Bolt) und Rückendeckung (Bodyguard)."
- „Spielt nach einer Balleroberung einen Pass in die Tiefe."

Fünfergruppe:

- „Schaltet nach Ballverlust im eigenen Feld sofort um. Sorgt dafür, dass die Zweiergruppe nicht in die Tiefe spielen kann."

Varianten

- Fünfergruppe: Nicht zu dem Spieler zurückpassen, von dem man den Ball bekommen hat.
- Die äußeren Spielfelder, in denen 2 gegen 5 gespielt wird, als Raute oder Kreis organisieren.
- Mit einem 25 Meter tiefen Zwischenfeld. So muss mit hohen Bällen zum anderen Spielfeld hin geöffnet werden. In das mittlere Spielfeld kann man eventuell einen dritten Verteidiger/Torwart (Bodyguard) stellen. Haben die beiden Verteidiger, die umschalten müssen, so eine Chance? Das hängt unter anderem von den technischen Fertigkeiten der Spieler bei der Kontrolle des tief gespielten (hohen) Balls ab. Oft lassen sich hiermit jedoch die Prinzipien des Gegenpressings sehr gut simulieren: Balldruck, bei der Fünfergruppe Stress verursachen, aus 2 gegen 5 wird 2 gegen 2 etc., hohen Ball als Pressingauslöser erkennen. Außerdem kann man nach einem gelungenen tiefen Ball in Richtung anderes Spielfeld den zusätzlichen Verteidiger aus dem mittleren Feld zum nächsten Spielfeld weiterschicken, sodass schneller Druck ausgeübt werden kann. Sein Platz wird dann von einem der beiden Verteidiger aus dem ersten Spielfeld übernommen.

Spielform 11: Passspiel 4 gegen 8 mit vier Toren (1)

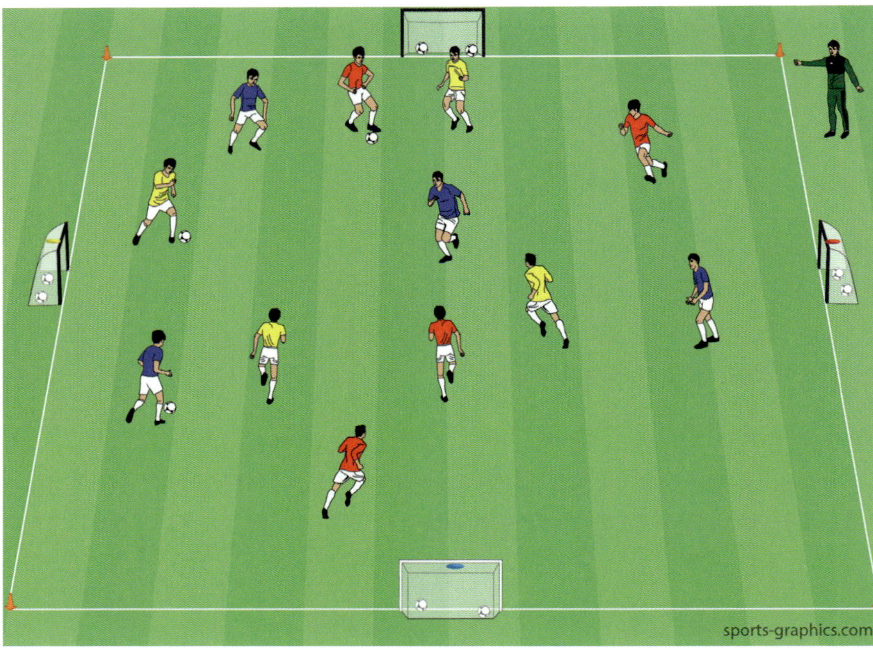

Organisation

- Ein Spielfeld von 15 x 15 m abmessen (die Spielfeldgröße gegebenenfalls dem Niveau anpassen) mit vier kleinen Toren an den Seiten.
- Drei Gruppen à vier Spieler bilden, jede mit einer anderen Leibchenfarbe.
- Genügend Bälle liegen um das Spielfeld herum verteilt oder in den Toren.

Übungsbeschreibung

- Pro Vierergruppe ein Ball, der zunächst nur innerhalb der einzelnen Gruppen kreist. Ruft der Trainer eine der drei Farben, müssen die dazugehörigen Spieler versuchen, in einem der Tore zu punkten. Die anderen acht Spieler versuchen, dies mithilfe von Gegenpressing zu verhindern. In dem Moment heißt es also 4 gegen 8.

- Darf die Vierergruppe auf alle vier Tore schießen, wird es vielleicht schnell zu einfach, und die Situation ist nicht mehr zu verteidigen, gleichgültig, wie gut die acht Gegenspieler umschalten. Das ist nicht Sinn der Sache. Deshalb kann man die Tore durch Leibchen ebenfalls mit einer Farbe kennzeichnen. Die Vierergruppe punktet dann nur in dem Tor mit ihrer eigenen Leibchenfarbe sowie in dem farblosen Tor.
- Trifft jemand ein falsches Tor, geht der Punkt an die Gruppe mit der entsprechenden Farbe.
- Der Trainer muss gut timen, wann er welche Farbe ruft, um es für die Vierer- bzw. Achtergruppe schwerer oder leichter zu machen.

Coaching

Angreifend (in Ballbesitz):

- „Wenn möglich, maximal zwei Ballkontakte."
- „Orientiert euch ständig, wo eure Mitspieler sind."
- „Passt nur bei freien Passwegen."
- „Seid zielgerichtet, wenn ihr eine Torchance habt. Schiebt den Ball nicht unnötig hin und her."

Verteidigend (Gegenpressing):

- „Der am nächsten stehende Spieler übt direkt Druck auf den Ball aus."
- „Arbeitet zusammen, um Gegner zu isolieren und ihnen möglichst wenige Chancen zu geben."
- „Benutzt das Abschirmen eines Tors erst als letztes Mittel."

Varianten

- Während die drei Vierergruppen den Ball untereinander kreisen lassen, kann der Trainer die Farben der Tore verändern (Leibchen austauschen), um die Orientierungsfähigkeit der Spieler zusätzlich zu trainieren.
- Die vier Tore nicht an den Seiten, sondern schräg in den Spielfeldecken aufstellen.

Spielform 12: Passspiel 4 gegen 8 mit vier Toren (2)

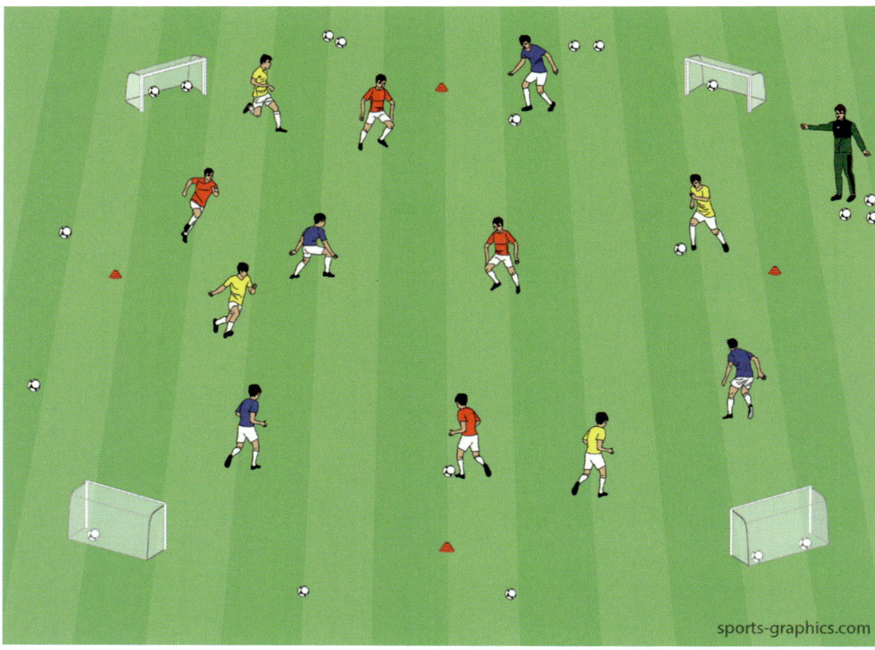

Organisation

- Ein Spielfeld von 15 x 15 m abmessen (die Spielfeldgröße gegebenenfalls dem Niveau anpassen) mit vier kleinen Toren schräg in den Ecken.
- Drei Gruppen à vier Spieler bilden, jede hat eine andere Leibchenfarbe.
- Genügend Bälle liegen um das Spielfeld herum verteilt oder in den Toren.

Übungsbeschreibung

- Pro Vierergruppe ein Ball, der zunächst innerhalb der Gruppen kreist. Ruft der Trainer eine der drei Farben, muss die entsprechende Vierergruppe mithilfe von Gegenpressing versuchen, zu verhindern, dass ein Spieler der Achtergruppe ein Tor schießt. In dem Moment heißt es also 4 gegen 8 mit zwei Bällen.

- Darf die Vierergruppe auf alle vier Tore schießen, wird es vielleicht schnell zu einfach, und die Situation ist nicht mehr zu verteidigen, gleichgültig, wie gut die acht Gegenspieler umschalten. Das ist nicht Sinn der Sache. Deshalb kann man die Tore durch Leibchen ebenfalls mit einer Farbe kennzeichnen. Die Vierergruppe punktet dann nur in dem Tor mit ihrer eigenen Leibchenfarbe sowie in dem farblosen Tor.
- Trifft jemand ein falsches Tor, geht der Punkt also an eine andere Vierergruppe.
- Der Trainer muss gut timen, wann er welche Farbe ruft, um es für die Vierer- bzw. Achtergruppe schwerer oder leichter zu machen.
- Erobert die Vierergruppe einen Ball, punktet sie auch in dem Tor mit ihrer eigenen Farbe sowie in dem farblosen Tor.

Coaching

Angreifend (in Ballbesitz):

- „Wenn möglich, maximal zwei Ballkontakte."
- „Orientiert euch ständig, wo eure Mitspieler sind."
- „Passt nur bei freien Passwegen."
- „Seid zielgerichtet, wenn ihr eine Torchance habt. Schiebt den Ball nicht unnötig hin und her."

Verteidigend (Gegenpressing):

- „Der am nächsten stehende Spieler übt direkt Druck auf den Ball aus."
- „Arbeitet zusammen, um Gegner zu isolieren und ihnen möglichst wenige Chancen zu geben."
- „Benutzt das Abschirmen eines Tors erst als letztes Mittel."

Varianten

- Ruft der Trainer eine Farbe, müssen alle drei Vierergruppen ihren Ball aus dem Spielfeld passen, und der Trainer spielt den ersten Ball der Achtergruppe zu, die punkten soll. Die Spieler der Vierergruppe müssen dann versuchen, aus dem 4 gegen 8 ein 2 gegen 2 zu machen, eines der Merkmale von Gegenpressing.
- Die vier Tore nicht in den Ecken, sondern an den Seiten des Spielfelds aufstellen.

Spielform 13: 5 gegen 5 plus viermal zwei Joker auf vier Tore

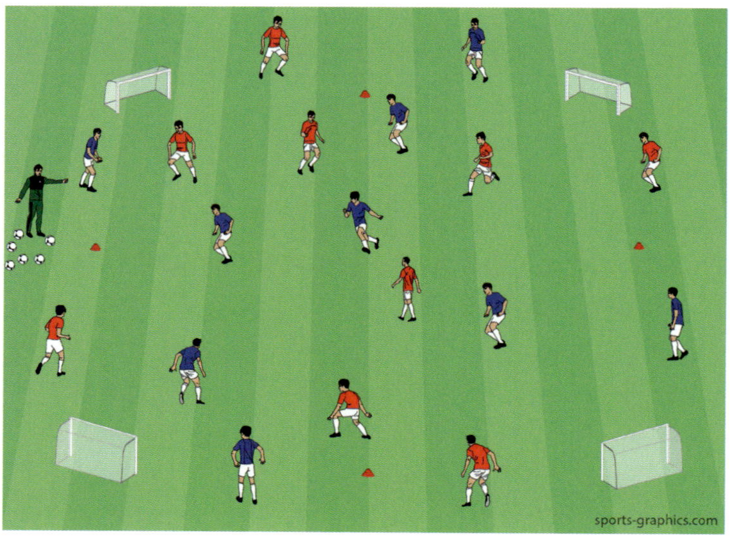

Organisation

- Ein Spielfeld von 15 x 15 m abmessen (die Spielfeldgröße gegebenenfalls dem Niveau anpassen); in jeder Ecke steht schräg ein kleines Tor.
- Zwei Fünferteams bilden (jedes Team hat eine eigene Leibchenfarbe) plus zweimal vier Joker in den jeweiligen Farben.
- Beim einspielenden Trainer liegen genügend Bälle.

Übungsbeschreibung

- 5 gegen 5 im Spielfeld und vier oder acht „Klatscher" an den vier Seiten.
- Die Spieler an den Seiten dürfen (am Anfang) nicht angegriffen werden.
- Zunächst freies Spiel. Das führt zu vielen Toren.
- Im nächsten Schritt kann nur gepunktet werden, nachdem ein Joker der eigenen Farbe angespielt wurde.
- In dem Moment kann (muss) die andere Fünfergruppe gezielter Druck ausüben.
- Damit die Übung läuft, zuerst das ballführende Team coachen (mit Einsatz der Joker an den Seiten).
- Der Trainer muss den nächsten Ball nicht unbedingt dem Team zuspielen, das gerade ein Tor geschossen hat. Frustration darf keine Rolle spielen.

Coaching

- „Wählt euren Pressingmoment: Bei einem schwierigen hohen Ball oder in der Nähe des Jokers, denn in diesen Situationen kann der Gegner schnell punkten."
- „Schneidet dem Gegner am Ball alle Wege ab."
- „Druck wird im Sprint ausgeübt!"
- „Iglu, macht es als Team klein."
- „Keine Fouls, denn dann ist euer Pressingmoment weg."

Varianten

- 4 gegen 4 plus ein neutraler Spieler auf dem Spielfeld.
- 4 gegen 4/5 gegen 5 plus ein drittes Team als Joker an den Spielfeldrändern.
- Eine Fünfergruppe spielt auf Ballbesitz; nur die andere Fünfergruppe versucht zu punkten. Beim Pressen muss der erste Spieler, der nach dem Ball sprintet, nicht zwangsläufig selbst den Ball erobern. Er soll jedoch Stress verursachen, wodurch seine Mitspieler, die Rückendeckung geben, den Ball erobern können.
- Wird ein Joker angespielt, dribbelt dieser aufs Spielfeld, und der Absender übernimmt seinen Platz. Damit bindet man mannorientierte Gegner, die dann zum Spielfeldrand mitlaufen. Auch hier gilt: Beim Wechsel alles im Sprint!
- Die Tore mit verschiedenfarbigen Leibchen oder Hütchen markieren. Die Teams können jetzt nur in dem Tor mit ihrer eigenen Leibchenfarbe punkten. Jetzt kommt etwas mehr Richtung ins Spiel.
- 6 gegen 6 (oder 4 gegen 4/5 gegen 5) auf dem Spielfeld; an den Spielfeldrändern zusätzlich vier/fünf/sechs Joker (mit einer dritten Leibchenfarbe), die bei beiden Teams mitspielen. Der Akzent liegt jetzt auch auf dem Antigegenpressingball: nach Balleroberung raus aus dem Druck. Auf die Joker muss ebenfalls Druck ausgeübt werden. Eventuell maximal ein Ballkontakt für die Joker. Wechsel nach jedem Tor: Wer trifft, bleibt stehen. Die Joker kommen aufs Spielfeld. Wechsel im Sprint! Den nächsten Ball spielt der Trainer dem Team zu, das aufs Spielfeld kommt. Der Trainer spielt überwiegend lange Bälle ein. Besonderes Augenmerk auf Passwege sowie auf das Zustellen von Passwegen legen.
- Drei Gruppen, davon eine als Joker am Spielfeldrand. Eines der beiden Teams auf dem Spielfeld spielt in Zusammenarbeit mit den Jokern nur auf Ballbesitz. Das andere Team darf auf alle vier Tore schießen. Erzielt dieses Team einen Treffer, wechseln die beiden anderen Gruppen (im Sprint).

Spielform 14: Positionsspiel 5 gegen 5 plus 2

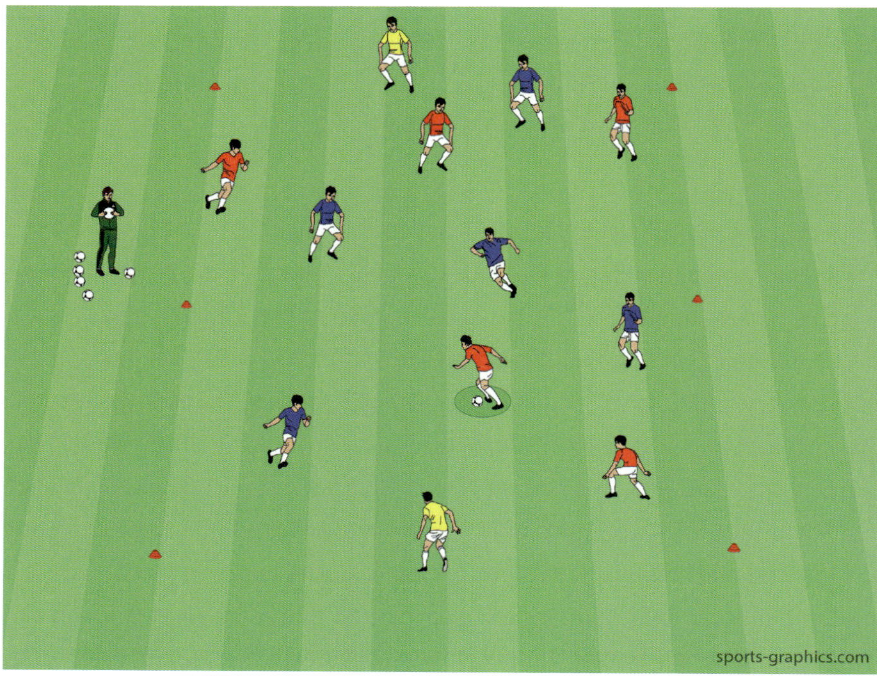

Organisation

- Ein Spielfeld von 20 x 10 m abmessen.
- An den beiden kurzen Seiten steht jeweils ein neutraler Spieler.
- Der Trainer steht mit genügend Bällen außerhalb des Spielfelds.

Übungsbeschreibung

- Positionsspiel 5 gegen 5 plus zwei neutrale Spieler, wobei auf Ballbesitz gespielt wird. Die neutralen Spieler können von beiden Teams eingesetzt werden.
- Die Übung eignet sich sowohl zum Training von Gegenpressing als auch zum Training von Antipressing: Den Pass in die Tiefe mit Anschlussaktion spielen (unter den Ball kommen).
- Bekommt ein Team den Ball von einem neutralen Spieler zurückgespielt, muss es sich anschließend nach dem neutralen Spieler auf der anderen Seite umsehen.

Coaching

Verliert eine Fünfergruppe den Ball, entsteht eine 5-gegen-7-Situation. Aus diesem Unterzahlspiel muss die Fünfergruppe ein 1 gegen 1 oder 2 gegen 2 machen, indem es alle Prinzipien des Gegenpressings anwendet:

- „Balldruck (Usain Bolt)!"
- „Rückendeckung (Bodyguard)."
- „Isolieren."
- „Klein machen (Iglu)."
- „Gegnerischer Rücken: Voller Druck, ohne Foul!"
- „Ball in der Ecke: Pressen!"

Varianten

- Gelingt es dem anderen Team, nach Balleroberung innerhalb von drei Sekunden (laut zählen!) einen Joker an einer der beiden kurzen Seiten anzuspielen, erhält es fünf Punkte; das gegnerische Team wird also voll gegenpressen wollen.
- Das Spielfeld extrem schmal machen. Damit lässt sich das Gegenpressing in die Tiefe gut trainieren, da es für das ballführende Team schlichtweg keinen Raum in der Breite gibt.

Spielform 15: Positionsspiel 4 gegen 4 plus 2

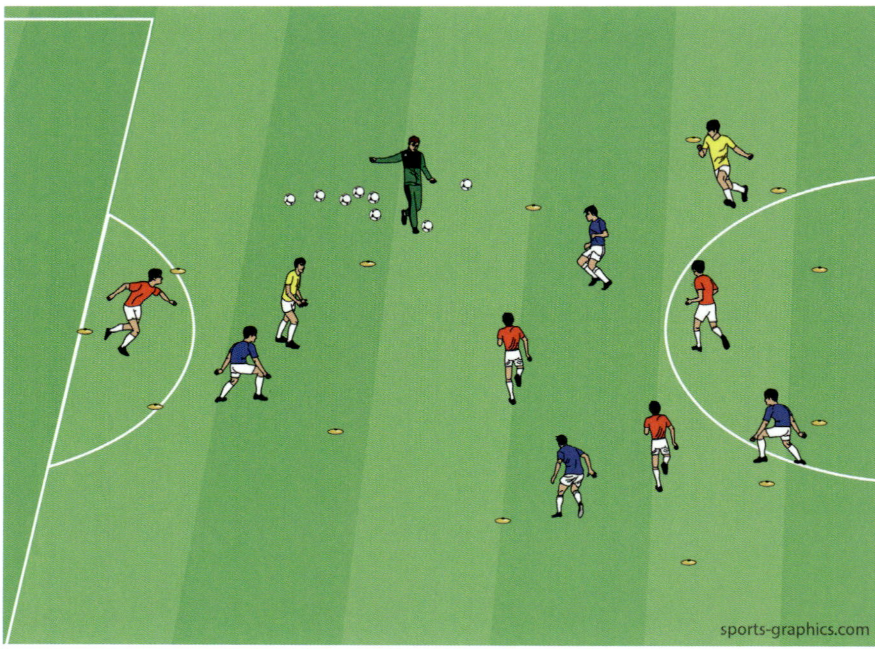

Organisation

- Das Spielfeld ist birnenförmig, das heißt, zumindest an einer Seite hat es ein sehr schmales Ende.

Übungsbeschreibung

- Positionsspiel 4 gegen 4 plus 2.
- Die beiden neutralen Spieler (Joker) starten innerhalb des Spielfelds, dürfen sich jedoch als Einzige durch Verlassen des Spielfelds dem Druck entziehen. Anschließend spielen sie den Ball ins Spielfeld zurück und nehmen dort selbst wieder eine Position ein.
- Das Team, das Gegenpressing spielt, muss dann versuchen, den Gegner in den Spielfeldabschnitt zu „lotsen", in dem es am wenigsten Raum gibt.

Coaching

Verliert eine Vierergruppe den Ball, entsteht eine 4-gegen-6-Situation. Aus diesem Unterzahlspiel muss das Viererteam ein 1 gegen 1 oder 2 gegen 2 machen, indem es alle Prinzipien des Gegenpressings anwendet:

- „Balldruck (Usain Bolt)!"
- „Rückendeckung (Bodyguard)."
- „Isolieren."
- „Klein machen (Iglu)."
- „Gegnerischer Rücken: Voller Druck, ohne Foul!"
- „Ball in der ‚Ecke': Pressen!"

Nach Balleroberung hat das Viererteam also den Vorteil, die Joker auch im Raum außerhalb des Spielfelds (in Tiefe und Breite) anspielen zu können. Gelingt es ihnen, haben sie sich damit dem Pressing entzogen.

Varianten

- Die Spielfeldform ändern (Erdbeere, Banane).
- Die Spieleranzahl ändern, z. B. 5 gegen 5 plus 2 oder 5 gegen 5 plus 3.

Spielform 16: Positionsspiel 4 gegen 4 plus 2 plus 4 plus 4

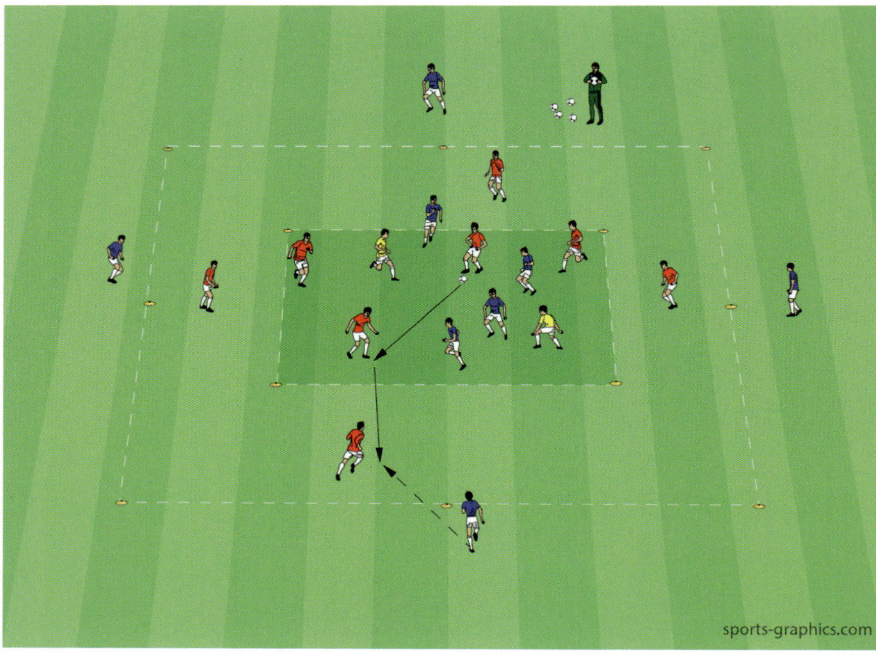

Organisation

- Ein zentrales Spielfeld von 20 x 10 m abmessen (die Spielfeldgröße gegebenenfalls dem Niveau anpassen), umgeben von einem schmaleren Spielfeld.
- Insgesamt achtzehn Spieler.
- Der Trainer steht mit genügend Bällen außerhalb des Spielfelds.

Übungsbeschreibung

- Im zentralen Spielfeld wird 4 gegen 4 plus 2 gespielt.
- Die roten Spieler im zentralen Spielfeld versuchen, die roten Spieler im äußeren Spielfeld zu erreichen.
- Die blauen Spieler im zentralen Spielfeld versuchen, die blauen Spieler außerhalb des äußeren Spielfelds zu erreichen.
- Zu Beginn der Übung lässt man die blauen Spieler außerhalb des äußeren Spielfelds starten, sodass Rot etwas einfacher angespielt werden kann. Nach Ballannahme durch Rot übt der blaue Spieler von außen Druck aus.
- Wenn sich die Spieler an die Organisation gewöhnt haben, tauschen Rot und Blau die Plätze, ehe es zum „freien" Spiel im äußeren Spielfeld kommt. Auf diese Weise erhält man Zweikämpfe um den Ball, und der Spieler, der nicht angespielt wird, kann versuchen, vor seinen Mann zu kommen. Das will man auch beim Gegenpressing sehen: voller Druck und verhindern, dass der Gegner angespielt wird.
- Das Team in Ballbesitz kann den Antipressingball üben: Packing. Mit einem Pass verschiedene Gegner „ausspielen".

Coaching

- „Balldruck (Usain Bolt)!"
- „Rückendeckung (Bodyguard)."
- „Isolieren."
- „Klein machen (Iglu)."
- „Gegnerischer Rücken: Voller Druck, ohne Foul."
- „Ball in der ‚Ecke': Pressen!"

Spielform 17: Verlagerndes Positionsspiel 4 gegen 4 plus 2

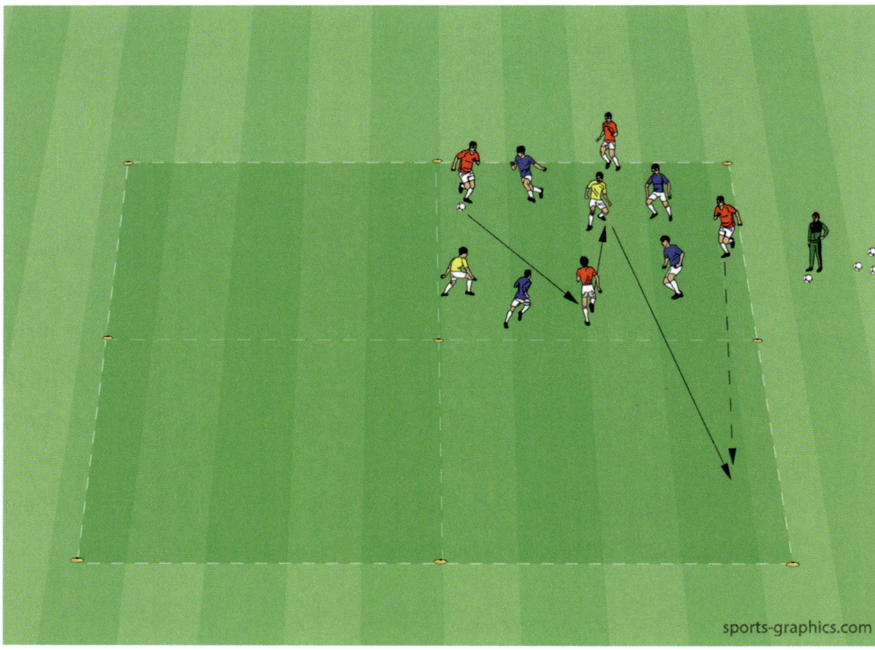

Organisation

- Innerhalb eines großen Rechtecks befinden sich vier kleine, aneinandergrenzende Rechtecke.
- Zur Markierung der Linien am besten flache Scheiben verwenden.

Übungsbeschreibung

- Positionsspiel 4 gegen 4 plus 2; ein Team erhält einen Punkt, wenn es ihm gelingt, einen Mitspieler in einem anderen Rechteck anzuspielen. Dieser Mitspieler darf bei der Passabgabe jedoch noch nicht in dem anderen Rechteck stehen. Er muss also im Lauf angespielt werden.
- Nach einer erfolgreichen Freilauf- und Anspielaktion im anderen Rechteck geht das Positionsspiel 4 gegen 4 plus 2 dort weiter.

- Erobert das andere Viererteam den Ball früher oder später, versucht es dasselbe.
- Geht der Ball ins Aus, spielt der Trainer den nächsten Ball ein, eventuell in ein anderes Rechteck.

Coaching

Nach Ballverlust eines Viererteams entsteht eine 4-gegen-6-Situation. Aus diesem Unterzahlspiel muss dieses Viererteam ein 1 gegen 1 oder ein 2 gegen 2 machen, indem es alle Prinzipien des Gegenpressings anwendet:

- „Balldruck (Usain Bolt)!"
- „Rückendeckung (Bodyguard)."
- „Isolieren."
- „Klein machen (Iglu)."
- „Gegnerischer Rücken: Voller Druck, ohne Foul!"
- „Ball in der ‚Ecke': Pressen!"

Das ballführende Team spielt 6 gegen 4 (Überzahl) und muss häufig mit Tiefenläufen agieren, um punkten zu können.

Variante

- Nach der Verlagerung in ein anderes Rechteck müssen nicht alle Spieler dorthin mitgehen. Das Positionsspiel wird jetzt also auf größerem Raum durchgeführt. Bei Ballverlust müssen jedoch auch größere Entfernungen zurückgelegt werden, um Druck ausüben zu können. In dieser Spielform liegt der Schwerpunkt etwas mehr auf den Erfolgserfahrungen am Ball. Punkte lassen sich erzielen, indem das Spiel in ein anderes Spielfeld verlagert wird. Auch das verteidigende Viererteam kann Punkte sammeln, z. B. wenn einer seiner Spieler in ein anderes Rechteck dribbelt (das Team, das gerade den Ball verloren hat, versucht, dies zu verhindern).

Spielform 18: Positionsspiel 5 gegen 5 plus 2 auf zwei Spielfeldern

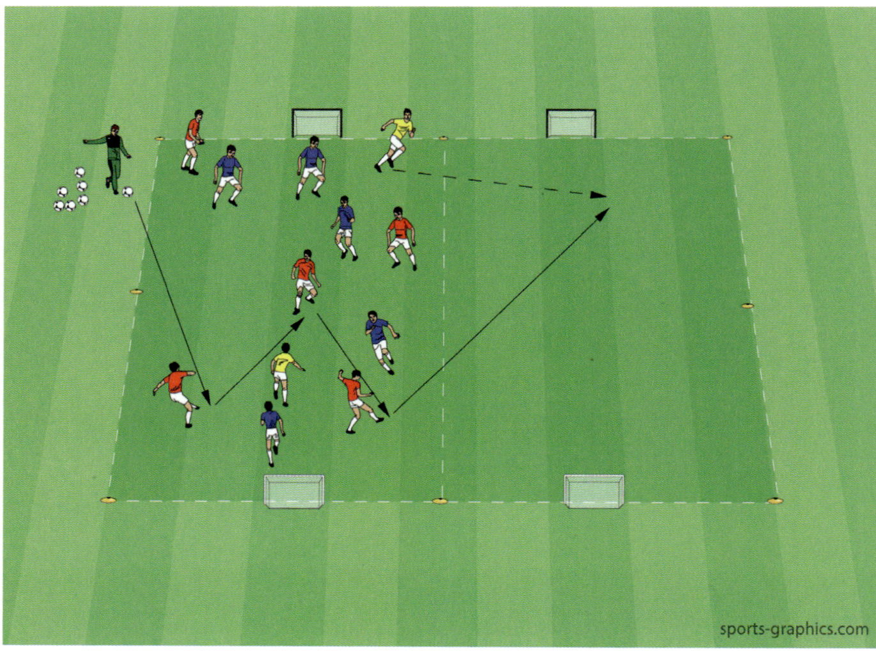

Organisation

- Zwei nebeneinanderliegende Spielfelder von 15 x 10 m abmessen (die Spielfeldgröße gegebenenfalls dem Niveau anpassen).
- Vier kleine Tore aufstellen, möglichst kleiner als 1 x 1 m.
- Der Trainer steht mit vielen Bällen an der Spielfeldseite.

Übungsbeschreibung

- Im linken Spielfeld wird 5 gegen 5 plus zwei Joker gespielt.
- Das rote Team punktet in den beiden oberen Toren, das blaue in den beiden unteren.
- Ein Joker kann nach seiner Laufaktion in Richtung anderes Spielfeld angespielt werden.
- Die Mittellinie zwischen beiden Spielfeldern gilt als Abseitslinie. Das heißt, man muss seinen Mitspieler wieder im Lauf anspielen (Deep Run).
- Nach Spielfeldverlagerung darf auf eines der vier Tore geschossen werden. Das eine Team punktet in den beiden oberen, das andere in den beiden unteren Toren. Der Joker kann nicht punkten, das wäre zu einfach.
- Oder beide Teams dürfen auf alle vier Tore schießen, und der Trainer spielt anschließend den zweiten Ball ins Spielfeld, worauf das Spiel weitergeht.

Coaching

- „Isolieren: Versucht, den Passweg zum anderen Spielfeld zuzustellen."
- „Iglu: Haltet die Abstände zueinander klein, sonst lauft ihr euch kaputt."

Varianten

- Ohne Tore. Spielen auf Ballbesitz (und Spielverlagerung).
- Mit vier großen Toren mit Torwart. Oder mit zwei großen Toren mit Torwart und zwei kleinen Toren ohne Torwart; diese Torwarte dürfen dann auch zum anderen Spielfeld hin öffnen.
- Mit Bodyguards auf der Mittellinie/Abseitslinie. Erreicht das „gegnerische" Team trotzdem das andere Spielfeld, werden dort die beiden Bodyguards zu Jokern und die ersten beiden Joker zu Bodyguards. Dasselbe passiert auch im Spiel: Im einen Moment gibst du Rückendeckung, dann erobert dein Team den Ball, und du musst wieder anspielbar sein (Joker in dieser Übung).
- Mit zusätzlichen Jokern an den Seiten.

Spielform 19: Zweikampfform: Zweimal 2 gegen 2

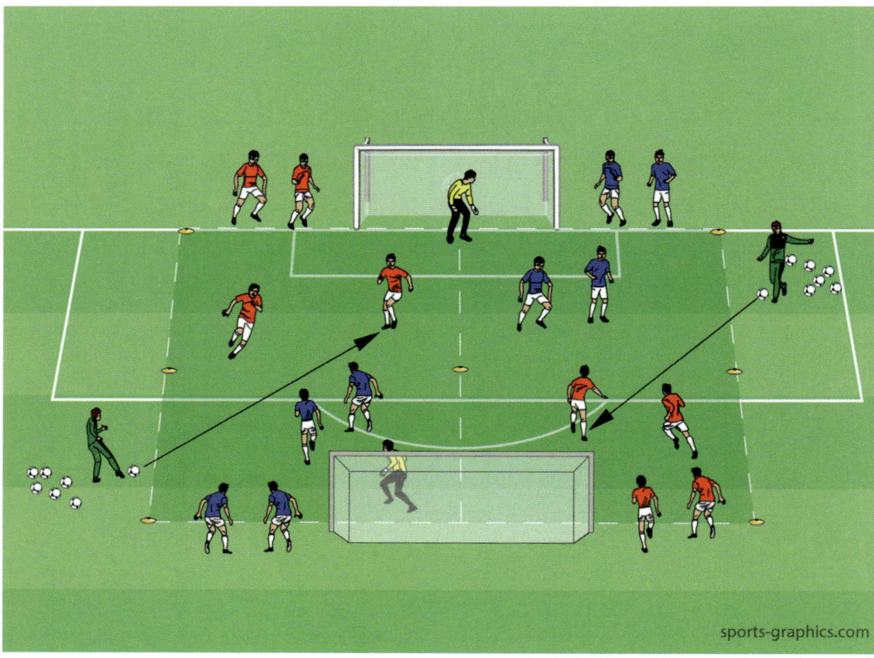

Organisation

- Das Spielfeld mit zwei Hälften ist etwas schmaler und etwas länger als der 16-m-Raum.
- Zwei Tore aufstellen und mit einem Torwart besetzen.
- In jeder Spielfeldhälfte spielen zwei Zweierteams jeweils 2 gegen 2.
- Bei dem/den Trainer(n) an der/den Seitenlinie(n) sowie in beiden Toren liegen genügend Bälle.

Übungsbeschreibung

- In jeder Spielfeldhälfte spielen zwei Zweierteams jeweils 2 gegen 2. Der Trainer (oder der Spieler, der gerade aktive Ruhe hat) spielt den ersten und jeden folgenden Ball immer zu Rot. Nach einer Weile wird getauscht, und das andere Zweierteam bekommt den Ball immer von außerhalb des Spielfelds zugespielt.

- In der einen Spielfeldhälfte spielt Rot auf das linke, in der anderen auf das rechte Tor.
- Es kann also vorkommen, dass ein Torwart gleichzeitig zwei Bälle verarbeiten muss. So entstehen „Chaosmomente", aber das ist nicht schlimm.
- In dem Moment, in dem ein Zweierteam ein Tor schießt, hilft es dem gleichfarbigen Zweierteam in der anderen Spielfeldhälfte. Es entsteht also kurz ein 4 gegen 4 auf dem ganzen Spielfeld (ohne Mittellinie).
- Gut gespielt, kommt es immer zu äußerst kurzen Durchgängen von wenigen Sekunden.
- Wird in beiden Spielfeldhälften fast gleichzeitig getroffen, spielt der Trainer oder der Torwart den nächsten Ball in die Spielfelder ein (gut absprechen).

Coaching

- In dieser Übung liegt der Schwerpunkt auf der Folgeaktion: Nach einer Offensivaktion schaut ihr sofort zum anderen Spielfeld hinüber, in dem ihr anschließend offensiv oder defensiv agieren könnt.

Varianten

- Hält der Torwart einen Ball, kann man durch ihn weiterspielen lassen. Oder man vereinbart, dass in dem Moment die beiden jeweiligen Zweierteams umschalten und in dem anderen Spielfeld mitspielen, in dem dann 4 gegen 4 gespielt wird.
- Dieselbe Spielform, aber mit schmalen, tiefen Spielfeldern.
- Spiel auf Zeit (z. B. 60 Sekunden) oder nach Anzahl der Ballkontakte.
- Vier große Tore mit Torwart oder vier kleine Tore ohne Torwart.
- In der 4-gegen-4-Situation dem Zweierteam, das auf dem anderen Spielfeld „zu Gast" ist, die Option geben, zu „ihrem" Feld zurückkehren zu dürfen, um dort mit einem neu eingespielten Ball punkten zu können. Durchschaut das andere Zweierteam die Aktion nicht, kann man so „billig" zu einem Tor kommen. Jetzt müssen alle noch besser aufpassen.

Spielform 20: Zweikampf mit Umschalten

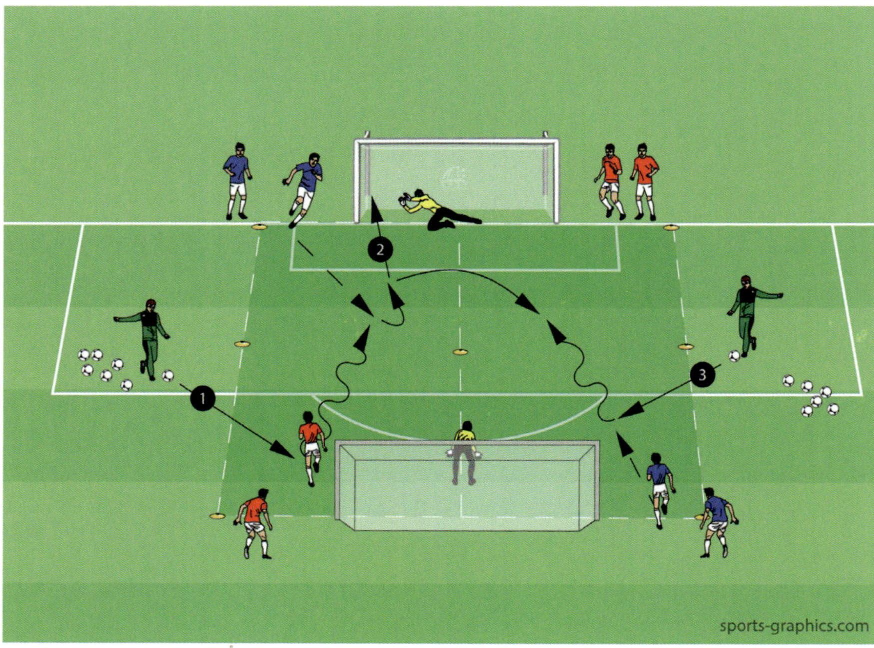

Organisation

- Zwei Tore aufstellen und mit einem Torwart besetzen.
- Ein Spielfeld von 15 x 25 m abmessen (die Spielfeldgröße gegebenenfalls dem Niveau anpassen).

Übungsbeschreibung

- 1-gegen-1-Abschlussübung.
- Abschließen unter Zeitdruck.
- Mit Umschalten nach Balleroberung.

Coaching

- „Isoliert euren Gegenspieler zu einer Seite, am besten auf seinen ‚schlechten' Fuß."
- „Sprintet nach dem Ball, nicht abwarten. Nach vorne verteidigen!"
- „Seht ihr den Rücken eures Gegenspielers? Dann geht voll drauf, aber ohne Foul!"
- „Bleibt konzentriert. Lasst euch durch Trauer- oder Jubelmomente nicht ablenken."
- „Der Gegner spielt den Ball zum Torwart zurück? Lauft hinterher!"
- „Der Torwart rückt auf, sobald seine Mitspieler nach vorne verteidigen."

Varianten

- Den Spielzug bei den Spielern neben dem Tor beginnen lassen; der Ball wird zum künftigen Gegenspieler auf der anderen Seite gepasst, der ihn zu einem zurückpasst.
- Zwei Angreifer gegen einen Verteidiger, mit Abseitsregel. Der Fokus liegt jetzt noch mehr auf dem Isolieren, sodass aus einem 1 gegen 2 ein 1 gegen 1 für den Verteidiger wird.
- 2 gegen 2, wobei der Trainer nach einem Treffer, oder wenn der Ball ins Aus gegangen ist, eine Minute lang mehrere Bälle nacheinander einspielt; nach Ballverlust wird Gegenpressing gespielt.
- Mit 4 gegen 4 plus zwei Torwarte abschließen; im Vordergrund steht jetzt das Unter-Druck-Setzen des gegnerischen Torwarts.

Spielform 21: Angriffsform mit variabler Spieleranzahl

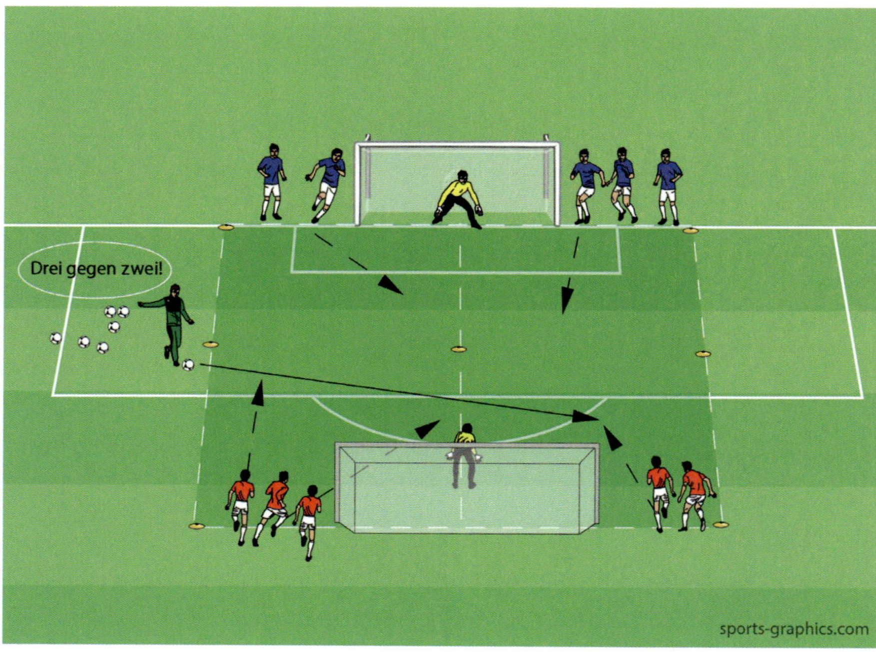

Organisation

- Ein Spielfeld von 20 x 15 m abmessen (die Spielfeldgröße gegebenenfalls dem Niveau anpassen).
- Zwei große Tore aufstellen und mit einem Torwart besetzen.
- Neben jedem Tor steht eine Fünfergruppe (zur Kennzeichnung verschiedenfarbige Leibchen verwenden), oder die beiden Gruppen sind um das Spielfeld herum verteilt.
- Der Trainer steht mit genügend Bällen neben dem Spielfeld.

Übungsbeschreibung

- Der Trainer ruft die Spieleranzahl beider Teams, die anschließend einen kurzen Durchgang spielen, z. B. 1 gegen 2, 1 gegen 4, 4 gegen 1, 3 gegen 3 etc.
- Vor Beginn der Übung deutlich erklären, wie es funktioniert: Die Zahl, die der Trainer zuerst ruft, gilt für das rote Team, die zweite für das blaue. Oder bei jedem Durchgang explizit ansagen, wie viele Spieler von jeder Farbe aufs Spielfeld dürfen.
- Entsprechend viele Spieler kommen aufs Spielfeld und versuchen, möglichst schnell zum Abschluss zu kommen.
- Auch während eines Durchgangs kann der Trainer durch Zurufe Spieler hinzufügen (oder auch abziehen, wenn die Übung gut läuft und ausgeführt wird).
- Nach Beendigung eines Durchgangs sprinten die Spieler vom Spielfeld.

Coaching

- „Arbeitet immer zusammen, gebt euch Rückendeckung."
- „Verteidigt euch in Überzahl. Jetzt erst recht voll drauf auf den Ball!"
- „Bist du allein, kannst du auf Abseits spielen, auch, indem du nach vorne verteidigst."
- „Seid ihr in Unterzahl: Isolieren!"
- „Presst den Torwart!"
- „Kein Foulspiel beim Pressen."
- „Seht ihr den Rücken des Gegners? Dann verteidigt voll den Ball."
- „Der Torwart hat zwei Sekunden, um das Spiel nach einer Rettungsaktion wieder aufzunehmen."

Varianten

- Mit Zeitdruck von wenigen Sekunden.
- Mehrere Bälle für denselben Durchgang.

Spielform 22: Umgedrehte Tore

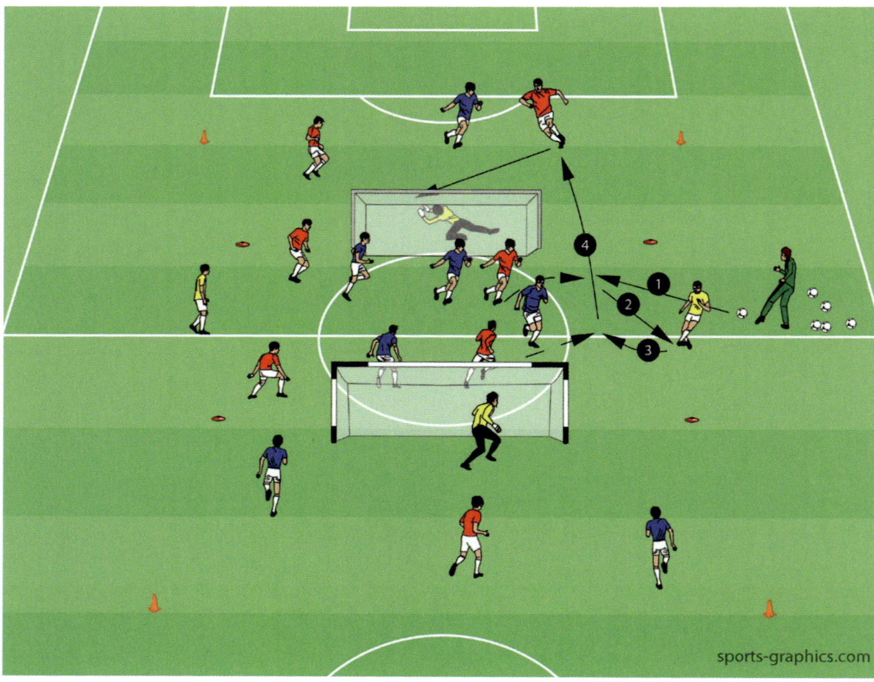

Organisation

- Ein zentrales Spielfeld von 20 x 20 m abmessen, umgeben von einem größeren Spielfeld.
- Im Spielfeld befinden sich zwei umgedrehte Tore.
- Beide Teams und die zwei Joker mit verschiedenfarbigen Leibchen kennzeichnen.

Übungsbeschreibung

- Positionsspiel 4 gegen 4 plus zwei Joker.
- Es wird also 6 gegen 4 auf Ballbesitz gespielt; bietet sich ein freier Passweg zu einem der beiden Stürmer an, kann dieser angespielt werden.
- Vor beiden Toren spielen zwei Angreifer gegen einen Verteidiger (und den Torwart).
- Der nächste Ball wird von dem Trainer bzw. von dem Torwart, gegen den kein Treffer erzielt wurde, in Richtung zentrales Spielfeld hineingegeben.

- Im zentralen Spielfeld soll der Ball nicht unnötig hin- und hergeschoben werden. Stattdessen soll das Spiel innerhalb von fünf Sekunden zu den Stürmern vor dem Tor geöffnet werden.
- Es darf auch über das Tor hinweg gespielt werden (langer Ball!).
- Vor dem Tor haben die Stürmer ein paar Sekunden Zeit, um zum Abschluss zu kommen. Es gilt also, zielorientiert zu handeln. Gelingt den Angreifern kein Tor, dürfen sie auch zum zentralen Spielfeld zurückspielen.

Coaching

- „Sobald ihr als Angreifer den Ball an den Verteidiger verliert, müsst ihr sofort umschalten und versuchen, den Ball zurückzuerobern!"

Varianten

- Im zentralen Spielfeld: Positionsspiel 5 gegen 5 ohne neutrale Spieler.
- 1 gegen 1/2 gegen 2 anstelle von 2 gegen 1 vor den Toren.
- Die Größe des zentralen Spielfelds anpassen (größer ist bei Ballbesitz einfacher).
- Den Joker nicht außer-, sondern (auch) innerhalb des zentralen Spielfelds einsetzen.
- Der/die Gegenspieler der Stürmer vor dem Tor darf/dürfen nach Ballerobe-rung selbst aufs Tor schießen. Für die Stürmer wird Gegenpressing also noch wichtiger.
- Die Teams im zentralen Spielfeld dürfen in beide Richtungen spielen, um ihre Stürmer zu bedienen. Jetzt werden also auch die „Verteidiger" im Torraum angespielt. Die Stürmer müssen erst arbeiten, um in Ballbesitz zu kommen.
- Dem Ball nach einem Pass aus dem zentralen Spielfeld in das Angriffsfeld folgen. Dort kommt also vorübergehend ein Spieler für den Abschluss hinzu. Nach dem Angriff geht er wieder in das zentrale Spielfeld zurück. Oder man lässt außerdem einen gegnerischen Spieler aus dem zentralen Spielfeld in das Angriffsspielfeld mitgehen.

Spielform 23: Spiel mit Abseitslinie

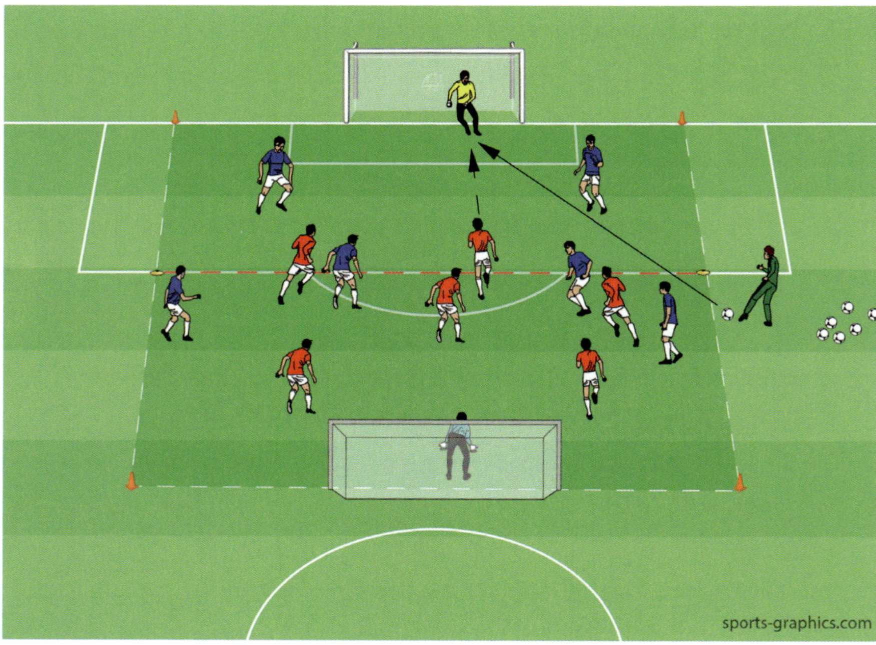

Organisation

- Ein Spielfeld von 30/40 x 20 m abmessen (z. B. doppelter 16-m-Raum, nur etwas schmaler).
- Zwei Tore aufstellen und mit einem Torwart besetzen.
- Beim Trainer außerhalb des Spielfelds liegen genügend Bälle.
- Zur Markierung der Mittellinie flache Scheiben oder die 16-m-Linie verwenden.

Übungsbeschreibung

- Spiel 6 gegen 6 mit Torwart.
- Der Trainer spielt den nächsten Ball immer zu einem Torwart. Das muss nicht unbedingt der Torwart des Teams sein, dem der Ball eigentlich zusteht, nachdem er ins Aus ging.
- Auf den Torwart kann (muss) direkt Druck ausgeübt werden.
- Die Mittellinie ist die Abseitslinie.
- Keine Eckbälle oder Einwürfe. Jede Wiederaufnahme des Spiels beginnt mit einem nächsten Ball durch den Trainer.

Coaching

- „Handelt schnell! Nach einer verpassten Chance oder Ballverlust habt ihr keine Zeit zum Trauern."
- „Sobald der Trainer einen Torwart anspielt: Druck! Also lauft, wenn der Ball noch rollt."

Varianten

- Wenn ein Gegenspieler die Mittellinie (16-m-Linie) überquert, darf er nicht mehr angegriffen werden. Dann hat er also freies Spiel. Diese Spielregel stimuliert frühzeitiges Pressen.
- Als Trainer nicht bzw. kaum coachen; stattdessen die Spieler dazu animieren, dass sie sich gegenseitig coachen, vor allem in Gegenpressingmomenten: Lasst hören, wo ihr seid, damit Usain Bolt weiß, dass er einen Bodyguard hat. Erinnert euch gegenseitig daran, ohne Foul zu spielen.
- Mit neutralen Spielern neben den Toren. Das verschafft dem ballführenden Team eine zusätzliche Option: den langen Ball.

Spielform 24: 11 gegen 11 mit drei Toren (1)

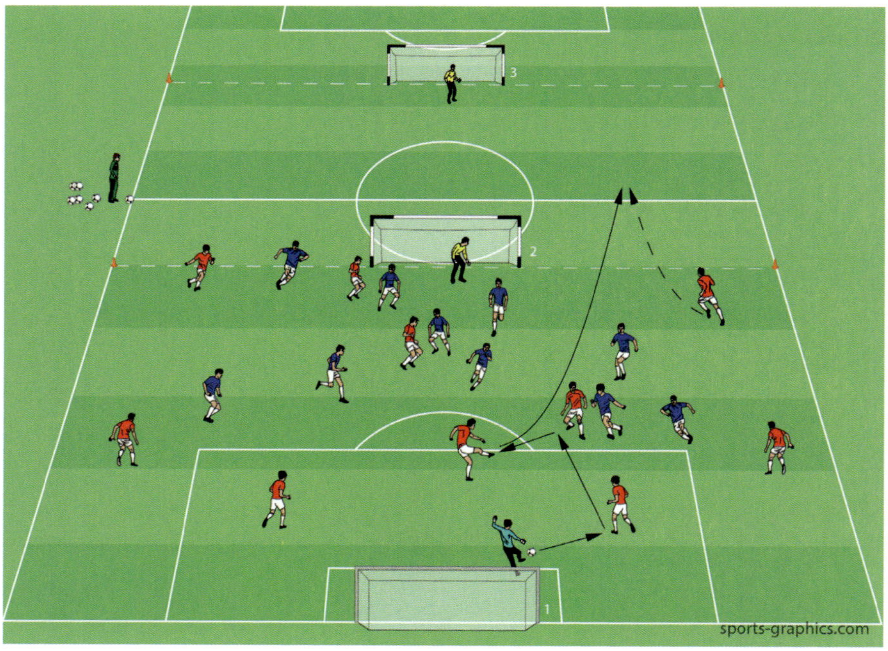

Organisation

- Drei Viertel des Spielfelds markieren.
- Ein festes Tor, ein Tor in vierzig Meter Entfernung und ein Tor in der Mitte der anderen Spielfeldhälfte aufstellen.
- Jedes Tor mit einem Torwart besetzen.

Übungsbeschreibung

- Spiel 11 gegen 11 auf dem unteren Spielfeld, also auf relativ kleinem Raum. Die rote Mannschaft kann bei Tor 2 und 3 punkten, die blaue bei Tor 1.
- Beide Mannschaften stehen zu Beginn in einer spielgetreuen „Aufstellung".
- Rot hat die Wahl: Punkten bei Tor 2 oder das Spiel mittels Deep Run und tiefem Pass auf das Spielfeld um die Mittellinie herum verlagern.
- Für den Pass in die Tiefe gilt eine Abseitslinie auf der Höhe von Tor 2.
- Entscheidet sich die rote Mannschaft für eine Spielverlagerung zum zweiten Spielfeld, muss sie bei Tor 3 punkten (d. h., sie darf nicht zum unteren Spielfeld zurückkehren). Alle roten und blauen Spieler bewegen sich zum oberen Spielfeld.
- Im Mittelpunkt der Übung steht der Umschaltmoment, der schnell genutzt werden muss, während die andere Mannschaft versucht, dies zu verhindern.

Coaching

- „Handelt schnell! Nach einer verpassten Chance oder Ballverlust habt ihr keine Zeit zum Trauern."
- „Helft einander, indem ihr euch gegenseitig deutlich und energisch coacht."

Variante

- Mit Zeitdruck: Innerhalb einer festgelegten Anzahl von Sekunden zum Torabschluss kommen.

Spielform 25: 11 gegen 11 mit drei Toren (2)

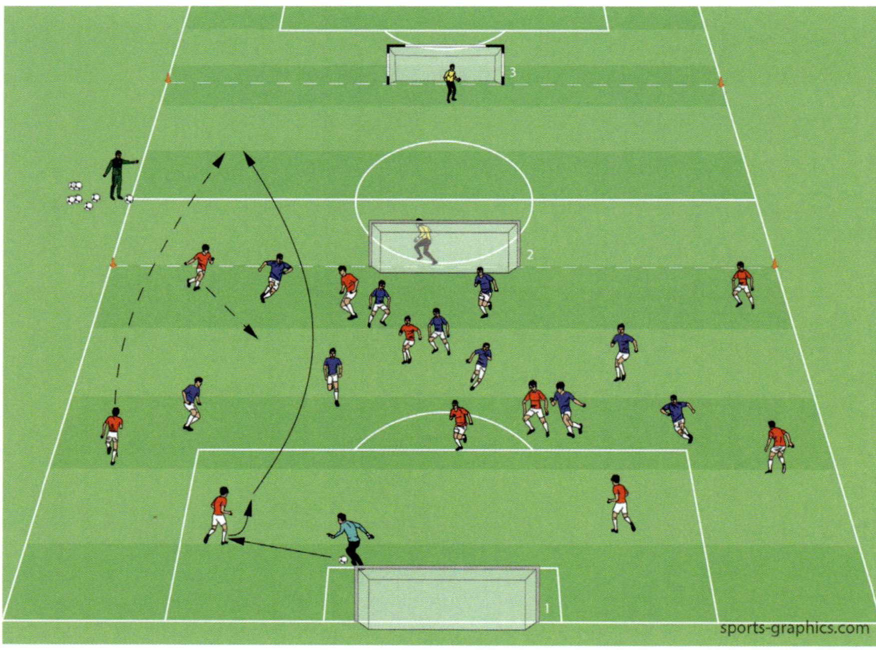

Organisation

- Drei Viertel des Spielfelds markieren.
- Ein festes Tor, ein Tor in vierzig Meter Entfernung und ein Tor in der Mitte der anderen Spielfeldhälfte aufstellen.
- Jedes Tor mit einem Torwart besetzen.

Übungsbeschreibung

- Spiel 11 gegen 11 auf dem oberen Spielfeld, also auf relativ kleinem Raum. Die rote Mannschaft kann bei Tor 3 punkten, die blaue bei Tor 1 und 2.
- Beide Mannschaften stehen zu Beginn in einer spielgetreuen „Aufstellung".
- Rot hat Anstoß und soll von Blau unter Druck gesetzt werden. Rot braucht einen Pass in die Tiefe (und einen Deep Run), um das untere Spielfeld zu erreichen.
- Für den Pass in die Tiefe gilt eine Abseitslinie auf Höhe von Tor 2.
- Die blaue Mannschaft übt Druck aus. Sie kann den Ball also in zwei Momenten erobern und punkten.
- Wechselt der Ballbesitz, ist dies ein Anlass, sowohl hoch im Spielfeld als auch um die Mittellinie herum Gegenpressing auszuüben, um so einen Gegentreffer zu verhindern.

Coaching

- „Langer Ball und Gewinn des zweiten Balls."
- „Handelt schnell. Nach einer verpassten Chance oder Ballverlust habt ihr keine Zeit zum Trauern."

Variante

- Mit Zeitdruck: Innerhalb einer bestimmten Anzahl von Sekunden zum Torabschluss kommen.

Spielform 26: Spiel mit drei Mannschaften

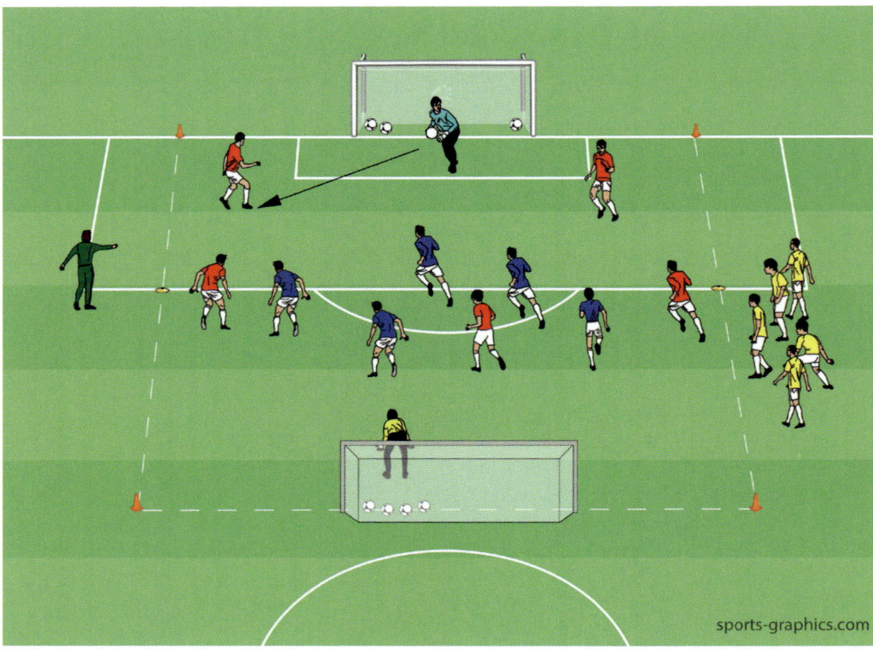

Organisation

- Ein Spielfeld von der Größe eines doppelten 16-m-Raums oder etwas schmaler abmessen (die Spielfeldgröße dem Niveau und/oder der Spieleranzahl anpassen).
- Zwei Tore aufstellen und mit einem Torwart besetzen.
- Bei den Torwarten liegen genügend Bälle.
- Leibchen in drei verschiedenen Farben bereitstellen.

Übungsbeschreibung

- Spiel 5 gegen 5 mit zwei Torwarten.
- Am besten beginnt man mit freiem Spiel, d. h. mit einem Spiel ohne einschränkende Regeln. Nach jedem Treffer verlässt der Verlierer das Spielfeld, und die dritte Mannschaft kommt herein. Der Gewinner wechselt die Seite und bekommt den Ball von dem Torwart zugespielt, der gerade ein Tor kassiert hat. Die dritte Mannschaft verteidigt das andere Tor.

- Die Wechsel müssen von allen drei Mannschaften im Sprint ausgeführt werden. Da so etwas nicht von selbst geht, muss es vom Trainer gecoacht werden.
- Um mehr Gegenpressingaspekte zu erzwingen, kann man folgende Spielregeln einführen:
  - ➜ Die Mannschaft, die den Ball vom Torwart zugespielt bekommt, muss ihn erst fünfmal hin- und herpassen.
  - ➜ Mit Zeitdruck: Der Trainer zählt runter.
  - ➜ Maximale Anzahl von Ballkontakten (für die gesamte Mannschaft oder nur für eine bestimmte Anzahl von Spielern).

Coaching

- „Seid zielorientiert. Kommt möglichst zum Abschluss."
- „Das Spielfeld nur im Sprint verlassen und betreten."
- „Folgt dem Spiel, haltet den Blick auf den Ball gerichtet, auch wenn ihr vom Platz sprintet."

Varianten

- 4 gegen 4, 6 gegen 6, 7 gegen 7 etc.
- Mit/ohne Abseitsspiel.
- Die dritte Mannschaft steht standardmäßig zusammen im Bereich der Mittellinie außerhalb des Spielfelds, oder sie darf sich um das Spielfeld herum verteilen (da sie nicht weiß, welches Tor sie gleich verteidigen muss).
- Etwas schwieriger wird es für die Spieler, wenn bereits nach Ballverlust gewechselt werden muss. Alle müssen dann noch besser aufpassen und vor allem wissen, wer welches Tor verteidigt. Ein Beispiel: Rot hat den ersten Ball und greift an, verliert jedoch den Ball. Rot muss dann vom Spielfeld sprinten (sprinten nach Ballverlust), und die dritte Mannschaft sprintet herein und verteidigt das Tor der Mannschaft, die gerade den Ball verloren hat. Nach Ball im Aus wirft ein Torwart oder der Trainer schnell den nächsten Ball ein.

Spielform 27: Eckstoß

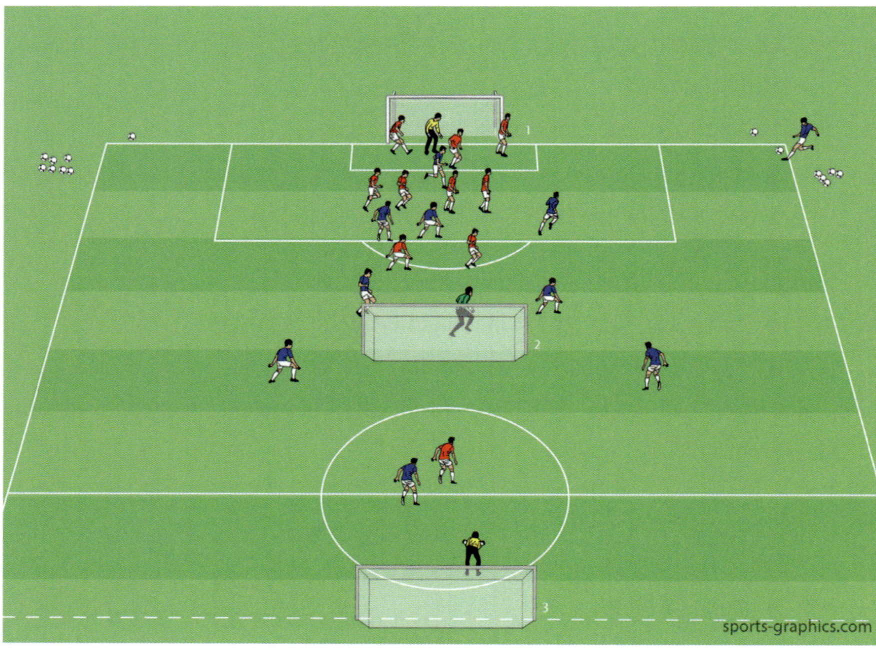

Organisation

- Drei große Tore aufstellen und mit einem Torwart besetzen.
- Bei den Eckfahnen, an denen die Übung immer beginnt, liegen genügend Bälle.
- Verschiedenfarbige Leibchen zur Kennzeichnung der beiden Mannschaften bereitstellen.

Übungsbeschreibung

- Übung für den Eckstoß, 8 gegen 8 bis 11 gegen 11 (plus ein dritter Torwart).
- Ein Eckball wird angenommen und von dort aus weitergespielt. Die verteidigende Mannschaft darf nach der Balleroberung wählen: auf Tor 1 oder 2 schießen.
- Die angreifende Mannschaft versucht, vom Eckball ausgehend, einen Treffer zu erzielen, und muss nach Ballverlust umschalten. Das geschieht ein- oder zweiphasig: Gegenpressing in der Nähe des gegnerischen Tors, und wenn das erfolglos bleibt, auch noch außerhalb des 16-m-Raums im oberen Spielfeld.
- Nach jedem Eckstoß, der nicht gleich zum Tor führt, wird also kurz, aber mit höchster (Wettkampf-)Intensität weitergespielt.

Coaching

- „Wenn Rot den Ball behauptet: Versucht sofort, den zweiten Ball zu erobern! Anschließend ist oft ein schneller Kontraball am gefährlichsten."
- „Bleibt beim Gegenpressing, gebt nicht auf."
- „Bleibt voll ballorientiert, keine Alibiverteidigung à la ‚pinkelnder Hund'."
- „Versucht, innerhalb von vier Sekunden zum Abschluss zu kommen!"

Varianten

- Ohne Tor 2 oder 3.
- Mit einem Freistoß von der Seitenlinie starten.
- Mit einem (weiten) Einwurf beginnen.

Spielform 28: Spiel nach einem langen Ball

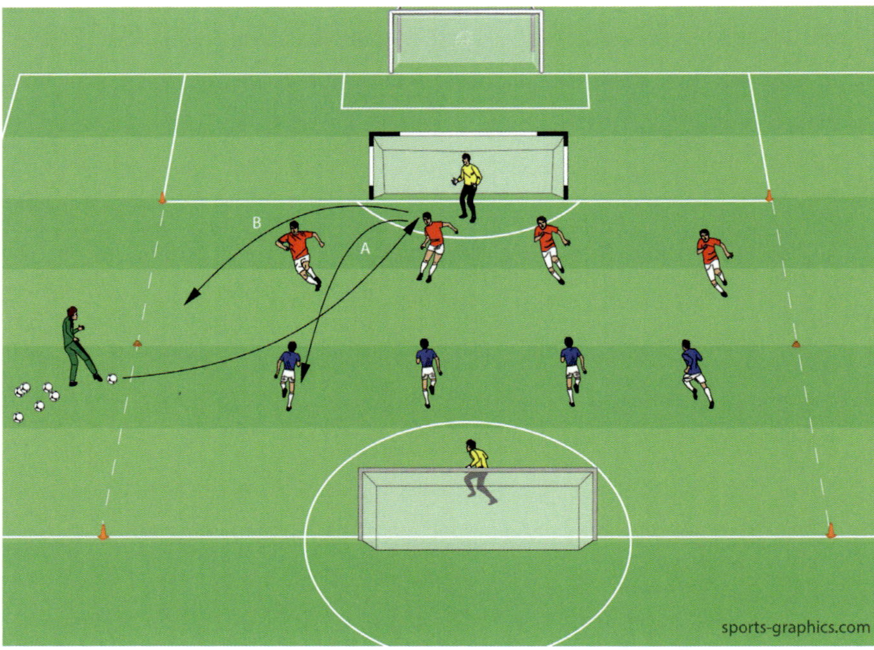

Organisation

- Ein Spielfeld von der 16-m-Linie bis zur Mittellinie und so breit wie der 16-m-Raum abmessen.

Übungsbeschreibung

- Der Trainer spielt einen langen Ball auf einen der Verteidiger.
- Der Verteidiger köpft den für ihn bestimmten Ball nach vorn.
- Dann folgt ein kurzes 4-gegen-4-Spiel auf zwei Tore.
- Mit Abseitsregel für das Team, das nach oben spielt; keine Abseitsregel für die Verteidiger, die in der „eigenen Hälfte" spielen.
- Der köpfende Verteidiger kann „nett" köpfen (A in der Abbildung). In diesem Fall empfiehlt es sich, organisiert zu verteidigen.
- Der köpfende Verteidiger kann „gemein" in Richtung Spielfeldecke köpfen (B in der Abbildung). Das ist ein Signal, nach Ballverlust voll zu pressen.

Coaching

- „Gebt dem Spieler, der vom Trainer angespielt wird, Rückendeckung, so, wie ihr es in einem richtigen Spiel auch machen würdet."
- „Rückt nach der Verarbeitung des ersten Balls direkt auf."
- „Haltet das Zentrum geschlossen."

Variante

- Mit mehreren Bällen arbeiten: Kombination aus Abschlussübung und Spielform. Zuerst lässt der Trainer eine Anzahl von Spielern aus verschiedenen Winkeln abschließen (langer Ball, Flanke, Eins-zwei-Kombination). Der letzte Ball ist dann der oben beschriebene lange Ball, der in ein 4 gegen 4 mit Torwarten mündet. Auf diese Weise lassen sich die spezifischen und spielgetreuen Aufgaben der Spieler etwas öfter trainieren: Ein Stürmer schließt ab und schaltet um, ein Verteidiger verteidigt und schaltet um, ein Flankenspieler gibt die Vorlage etc.

Spielform 29: Hyballas Ballaspiel

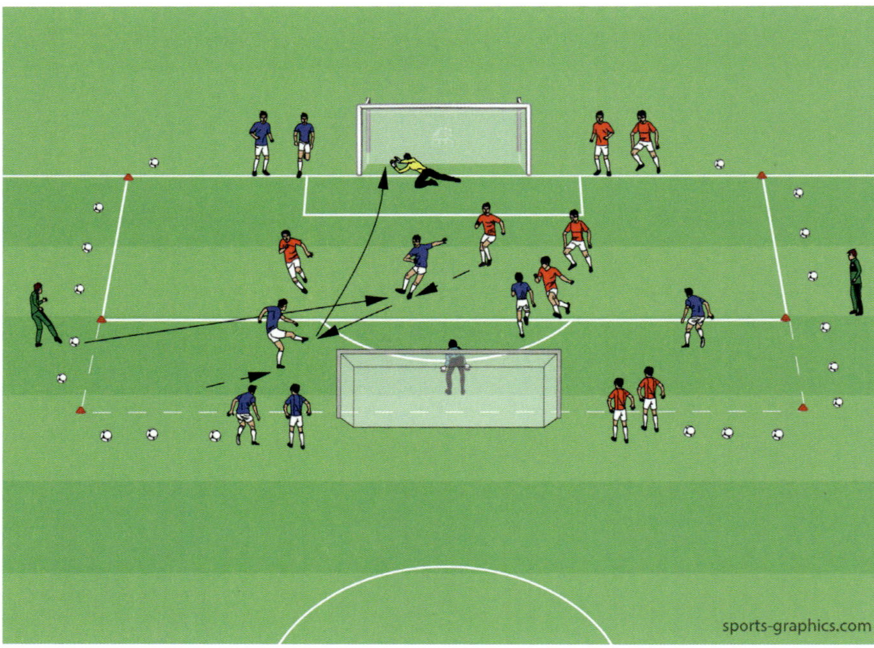

Organisation

- Ein Spielfeld von 30 x 20 m abmessen und sehr viele Bälle darum verteilen.
- Zwei Tore aufstellen und mit einem Torwart besetzen.
- Verschiedenfarbige Leibchen zur Kennzeichnung der beiden Teams bereitstellen.

Übungsbeschreibung

- Der Trainer gibt den nächsten Ball immer von einer anderen Stelle außerhalb des Spielfelds herein. Oder man arbeitet mit zwei Trainern, die abwechselnd den nächsten Ball einspielen. Die Spieler müssen diese Bälle antizipieren bzw. darauf reagieren.
- Mittels Coachings wird das Tempo hochgehalten.
- Ziel der Übung sind viele Tore und Umschaltmomente.
- Um das Chaos zu vergrößern, wird, wenn nötig, gelegentlich ein zweiter Ball eingespielt.
- Der Trainer spielt nicht nur schöne, stramme Pässe, sondern auch frustrierende.

Coaching

- „Ihr habt keine Zeit für Frustrationen."
- „Orientiert euch: Wo ist der Trainer? Werft während des Spiels häufig einen Blick über die Schulter."
- „Coacht euch gegenseitig, kommt schnell zum Abschluss. Schiebt den Ball nicht unnötig hin und her."

Variante

- Der Trainer spielt auch hohe Bälle oder Bälle in die Ecke.

Antipressing

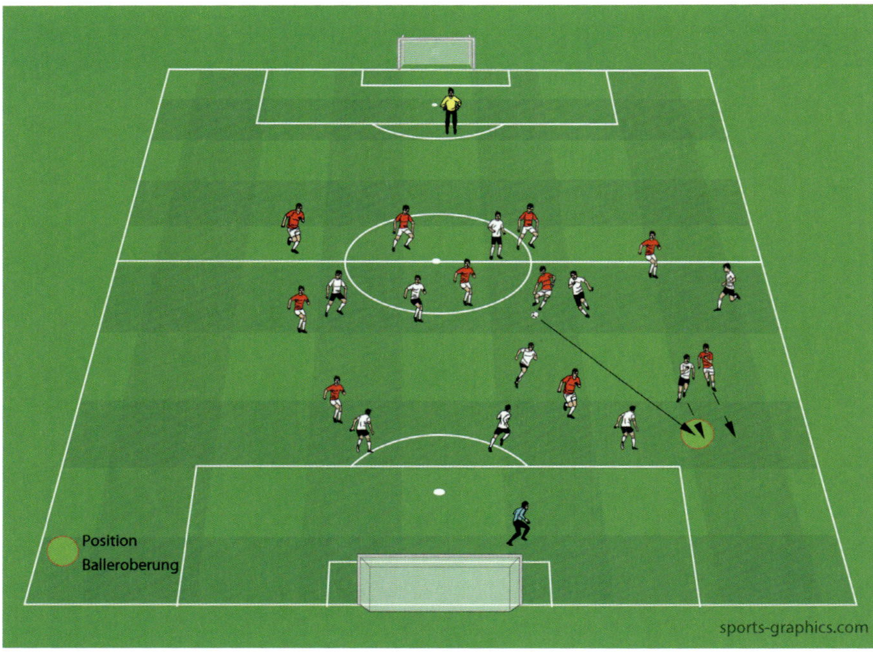

Was tun, wenn der Gegner Gegenpressing anwendet? In dieser Hinsicht gleicht Fußball einem Schachspiel. Für jede taktische Erneuerung wird eine Gegenmaßnahme (Gegengift!) erfunden. Als Beispiel nehmen wir folgende Situation: Die gegnerische Mannschaft (rot) greift an und verliert den Ball nach einem Pass in der Nähe unseres rechten Flügelverteidigers (s. Abb.).

Im Folgenden haben wir eine Anzahl von Optionen für die Mannschaft aufgeführt, die in Ballbesitz kommt (weiß):

1. **Tiki-Taka:** Schnelles, kurzes Positionsspiel mit einem Ballkontakt. Das Pass- und Balltempo muss so hoch sein, dass die gegenpressende Mannschaft nicht hinter dem Ball herkommt.

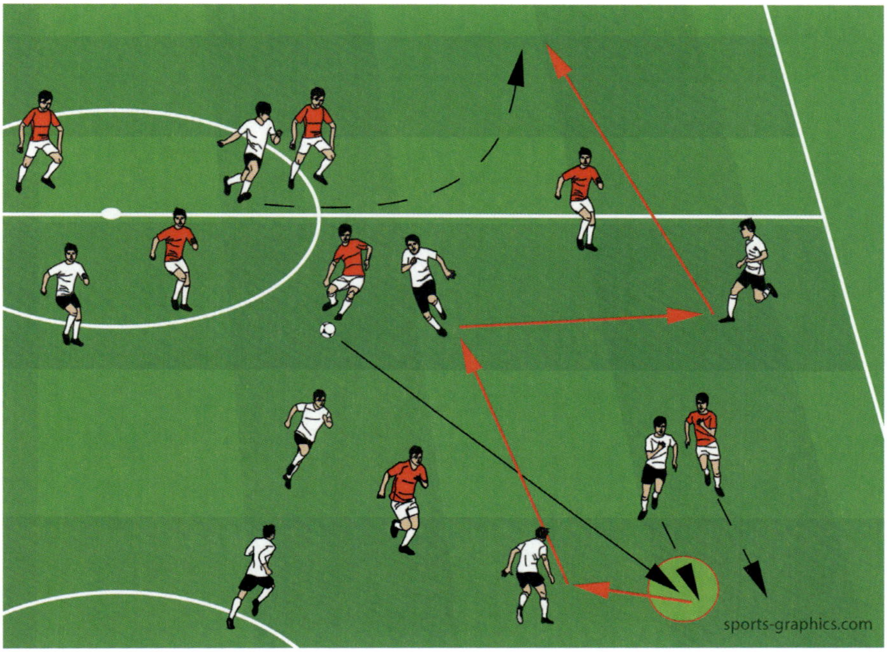

2. **Langer Ball:** Der lange Ball ist auch sexy. Wenn man weiß, dass die gegnerische Mannschaft voll ins Gegenpressing geht, und man hat doch noch zwei Meter Platz oder eine Sekunde Zeit, kann man den langen Ball spielen, möglichst hinter die letzte gegnerische Linie. Langer Ball, zweiter Ball. Gelingt es nicht, den Ball dorthin zu bekommen, ist der „einfache" Packing-Ball, falls möglich, oft auch sinnvoll. Mit einem Pass in die Tiefe überspielt man durch die Linien hindurch viele gegnerische Spieler.

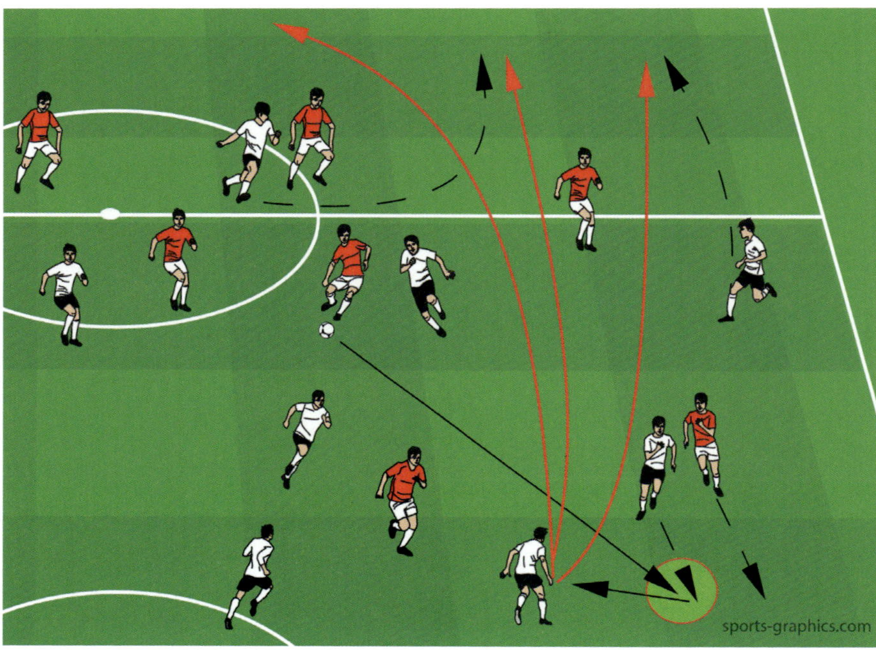

3. **Deep Runs:** In dem Moment, in dem die eigene Mannschaft unter Druck steht, neigen Angreifer häufig dazu, in Richtung Ball zu laufen oder nichts zu tun (ich nenne das dann „rumstehen wie die Hühner auf der Stange"). Doch gerade Sprintaktionen in die Tiefe (Deep Runs) können zur Klärung des langen Balls beitragen.

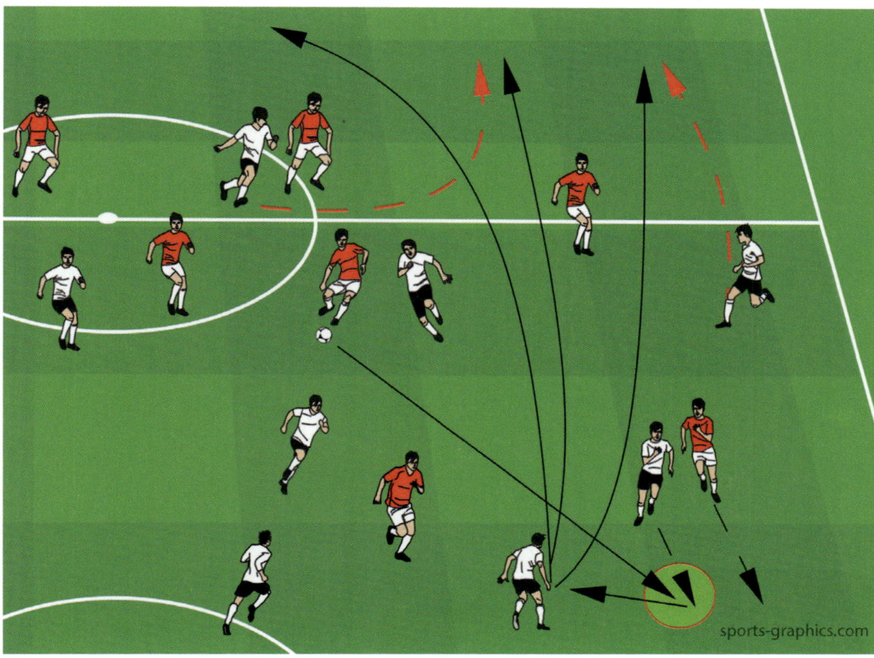

4. **Kontraball:** Häufig wird Druck ausgeübt, um Passwege zuzustellen. Ein Spiel in die Tiefe ist dann oft nicht möglich. In diesen Situationen kann ein diagonaler Pass – ich nenne das Kontraball – eine Lösung sein. Das Trainieren von Kontrabällen wird in Übung 30 auf S. 118 besonders berücksichtigt.

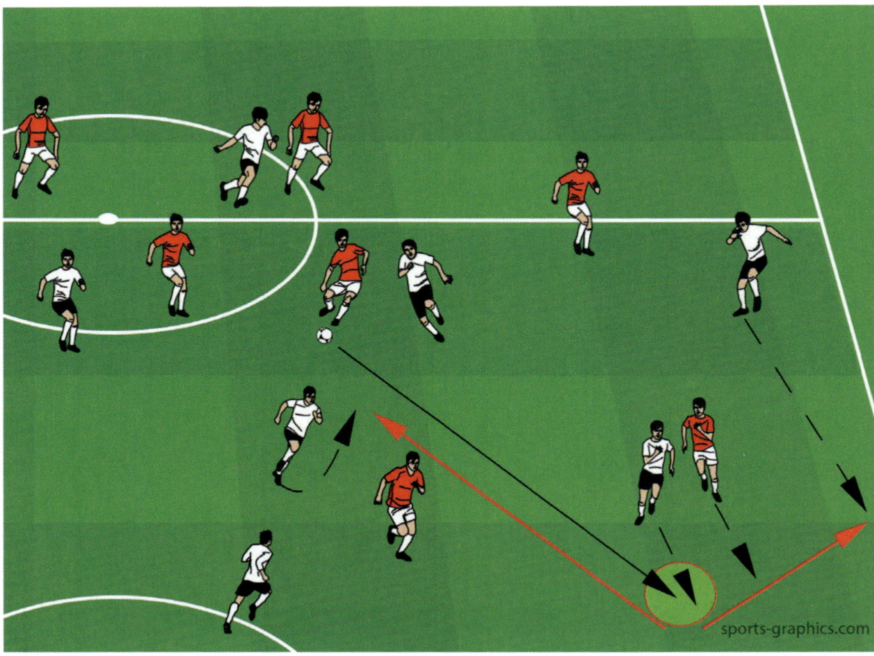

5. **Rückpass zum Torwart:** Steht man im Moment der Balleroberung etwas höher (auf jeden Fall ungefähr auf Höhe des Mittelkreises in der eigenen Hälfte), ist die Entfernung zum eigenen Torwart wahrscheinlich relativ groß. Um sich aus dem Gegenpressing zu befreien, kann es in diesem Fall hilfreich sein, den Ball zum Torwart zurückzuspielen, wenn ihn der Gegner wegen der Entfernung dann nicht mehr erlaufen kann.

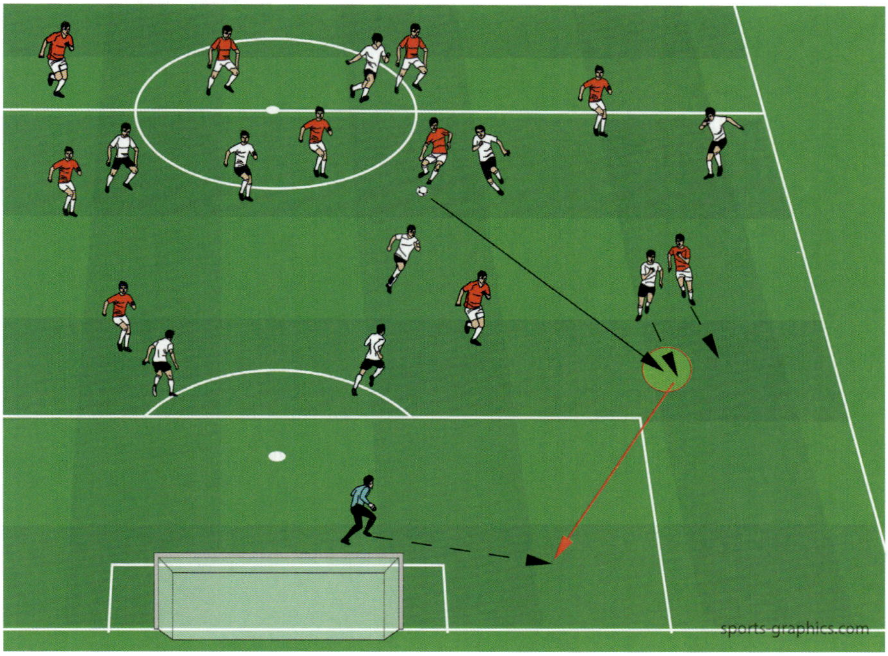

6. **Scheinbewegung:** Hat man es bei Ballbesitz mit einem gegenpressenden Gegner zu tun, helfen gute technische Fertigkeiten am Ball. Bist du imstande, den Ball auf engstem Raum am anstürmenden Gegner vorbeizuspielen, z. B. mit einer schnellen Doppelfinte?

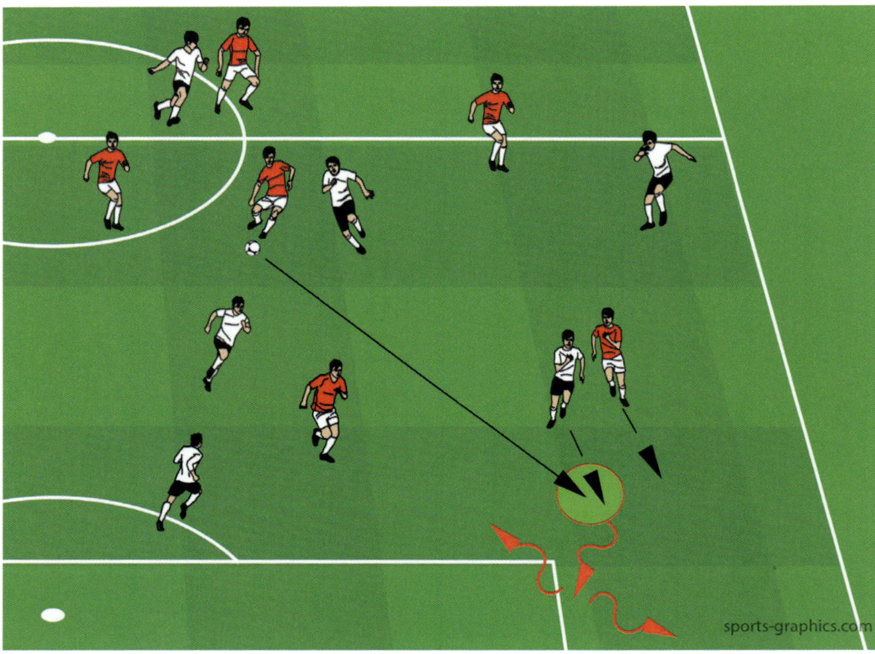

7. **Richtungsorientierte Ballannahme:** Wird man angespielt und erwartet man gleichzeitig den Druck eines Gegenspielers, kann auch die erste Ballannahme ausschlaggebend sein. Nimmt man den Ball vom Gegner weg oder zumindest in Richtung des Mitspielers an, dem man den Ball zupassen möchte, entscheidet dies möglicherweise darüber, ob man in Ballbesitz bleibt oder den Ball wieder verliert.

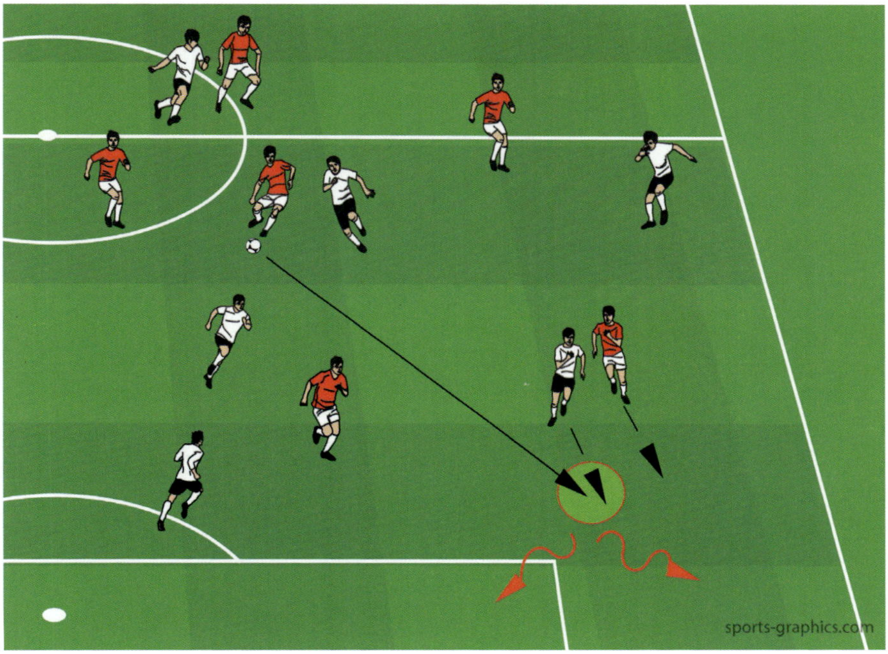

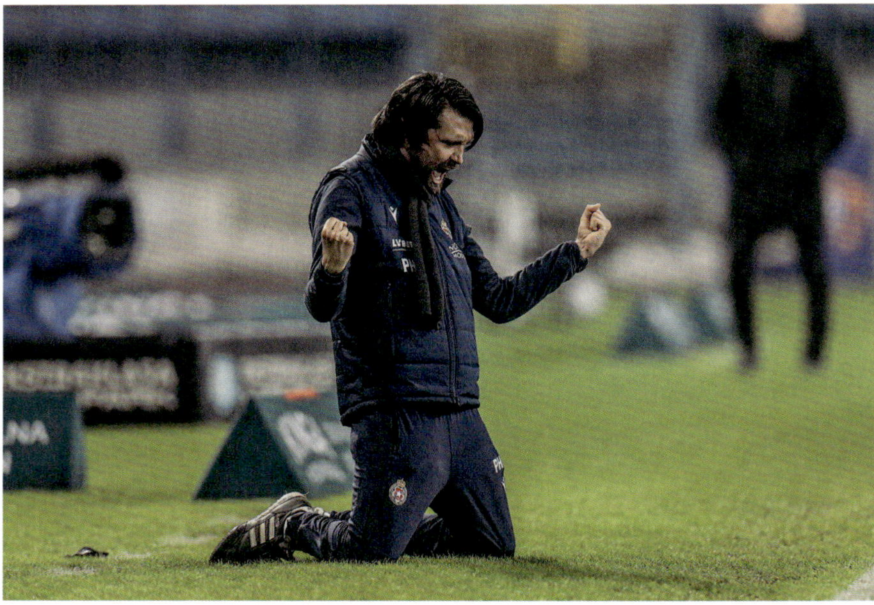

Mit Gegenpressingideen kann man erfolgreich sein.
Foto: Michal Stawowiak/400mm Agency

Antipressing trainieren

Jede Gegenpressingübung trainiert automatisch Antipressing mit (Sparringteam, die andere Mannschaft). Trotzdem empfiehlt es sich, auch dem Spielen auf Ballhalten ausdrücklich Beachtung zu schenken. Deine Mannschaft wird – gleichgültig, ob nach Balleroberung oder nicht – unter Druck gesetzt. Wie könnt ihr in der Situation trotzdem in Ballbesitz bleiben? Das lässt sich zum Beispiel mit folgenden Spielformen trainieren.

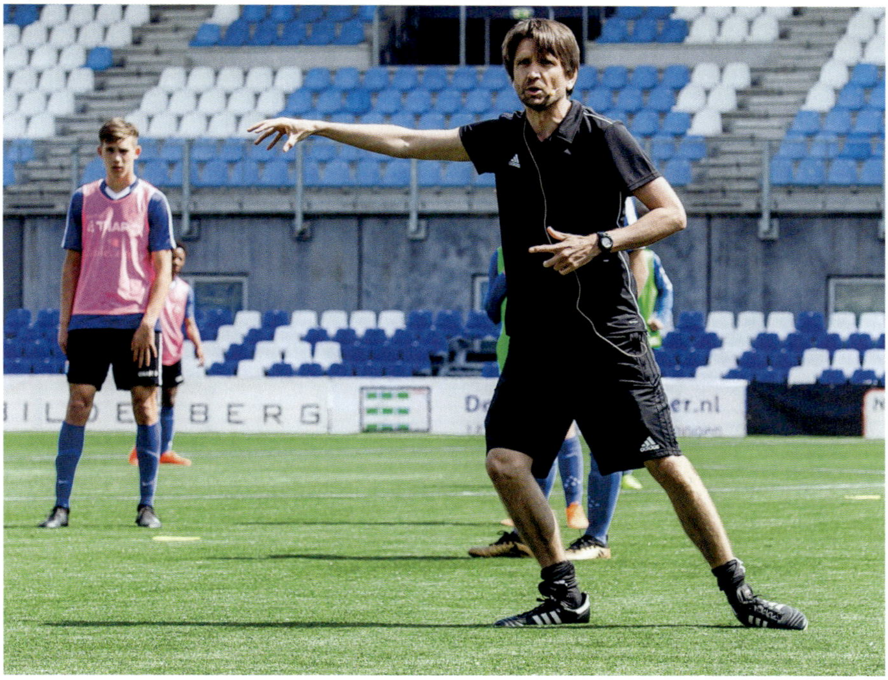

Foto: De Voetbaltrainer

Antipressing, Spielform 30: Umfassende Passübung

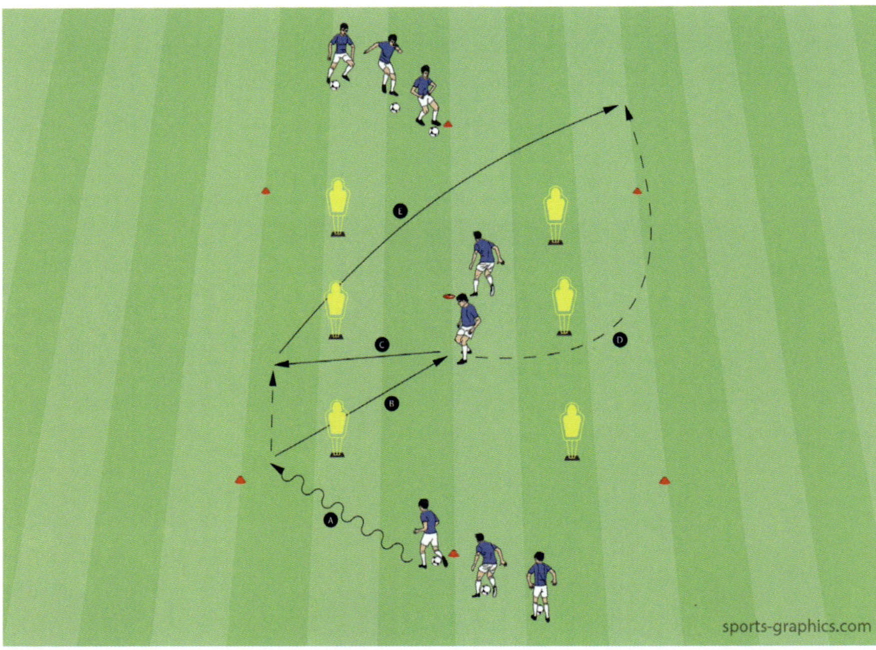

Organisation

- Sieben Hütchen und sechs Trainingsdummys (oder hohe Kegel) aufstellen.
- Die Spieler bei den Startpunkten haben einen Ball am Fuß.
- Insgesamt acht bis zwölf Spieler.
- Die Übung beginnt gleichzeitig und spiegelverkehrt.

Übungsbeschreibung

- In dieser Übung werden verschiedene Aspekte des Antipressings trainiert.
- A: Tempodribbling (dribbelnd den Ball halten).
- B: Diagonaler Pass.
- C: Schnelle Eins-zwei-Kombination.
- D: Deep Run.
- E: Langer Ball.

Coaching

- „Kurzes, energisches Dribbling. Eventuell mit kleinen Richtungsänderungen."
- „Enges Passspiel bei der Eins-zwei-Kombination."
- „Orientiert euch gut beim Deep Run (nicht mit den virtuellen Gegnern zusammenstoßen)."

Varianten

- Technische Bewegungen bei A.
- Flaches Passspiel oder Flugbälle.

Antipressing, Spielform 31: Spiel 5 gegen 5 auf vier Tore mit Torwart

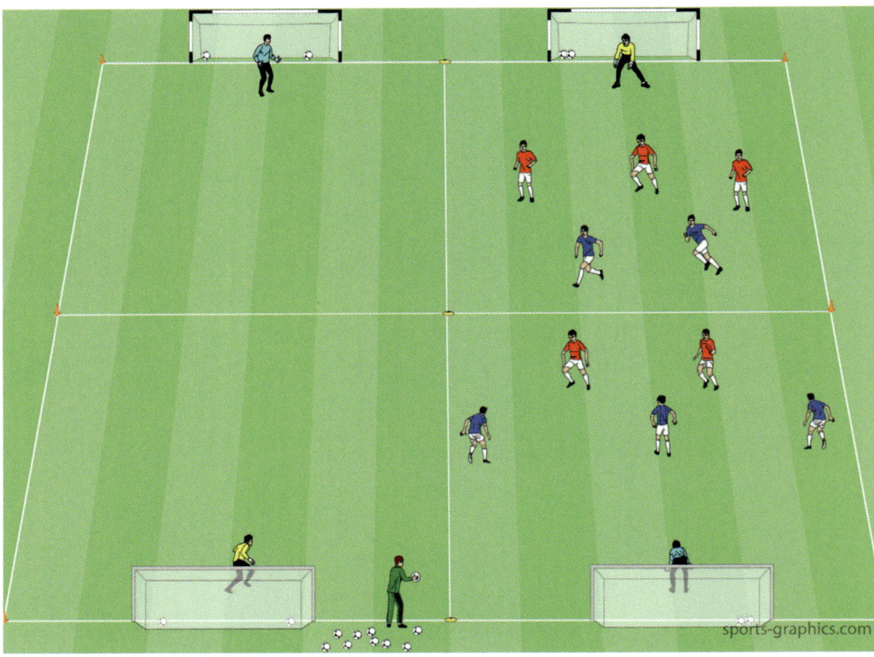

Organisation

- Vier Tore aufstellen und mit einem Torwart besetzen (oder mit Spielern, die kurz als Torwart fungieren).
- Eine vertikale Mittellinie zwischen zwei Spielfeldern markieren.
- Der Trainer steht mit genügend Bällen an einer Seitenlinie.

Übungsbeschreibung

- Spiel 5 gegen 5 auf einer Spielfeldseite (links oder rechts).
- Ein Treffer gibt zwei Punkte.
- Eine gelungene Freilaufaktion in Richtung anderes Spielfeld (von links nach rechts oder umgekehrt) gibt einen Punkt.
- Die Torwarte können auch zur anderen Spielhälfte hin öffnen.

Coaching

- „Kombinationsfußball. Möglichst nur ein oder zwei Ballkontakte. Das Tempo ist erforderlich, damit ihr euch aus dem Pressing befreien könnt."
- „Über die vertikale Mittellinie dribbeln: weg aus dem Gedränge."
- „Deep Run zur anderen Seite, gefolgt von einem Kontraball in den Lauf und raus aus dem Gedränge."
- „Kurzer Deep Run, wenn ihr in derselben Spielhälfte bleibt. Anschließend schnell zum Abschluss kommen."

Variante

- Kleine Tore ohne Torwart aufstellen anstelle von großen Toren mit Torwart.

Stefan Kießling über Gegenpressing

Stefan Kießling ist ein ehemaliger deutscher Nationalspieler, der nicht weniger als 12 Spielzeiten für „seinen Verein" Bayer Leverkusen gespielt hat. Inzwischen bekleidet er dort ein Amt im technischen Management. Während seiner aktiven Laufbahn lernte Kießling die Arbeitsweise verschiedener Trainer kennen, wobei das Thema Gegenpressing regelmäßig wiederkehrte. Welche Meinung vertritt er selbst dazu?

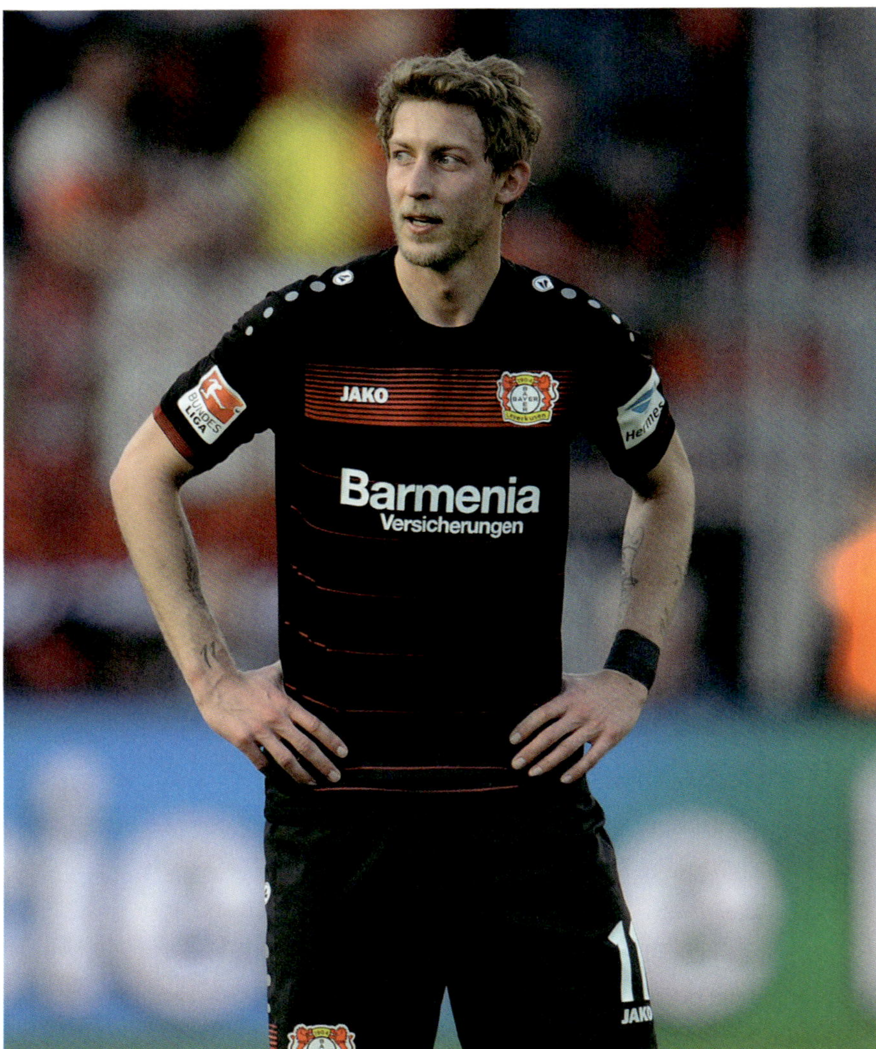

Foto: Pro Shots

„Keine Elf der Welt schafft es, neunzig Minuten hintereinander Gegenpressing zu spielen oder Druck auszuüben. Gegenpressing erfordert viel Kraft, und an einem bestimmten Punkt bringt man die einfach nicht mehr auf. Deshalb ist es wichtig, im Spiel die richtigen Bedingungen zu schaffen, um erfolgreich pressen zu können. Häufig geht es dabei um Kompaktheit, das heißt, eine gute Rückendeckung zu gewährleisten, wenn der erste Spieler mit vollem Tempo Druck ausübt. Schließlich besteht die Gefahr, dass er durch eine Überlaufaktion oder einen Pass ausgespielt wird, und dann muss er Mitspieler in seinem Rücken wissen, die anschließend den Ball erobern oder erneut einen schwierigen Pass erzwingen."

„ES IST ALSO WICHTIG, IM SPIEL DIE RICHTIGEN BEDINGUNGEN ZU SCHAFFEN, UM ERFOLGREICH PRESSEN ZU KÖNNEN."

Unruhiges Gegenpressing

„Von allen Trainern, die ich im Laufe der Jahre hatte, war Roger Schmidt wohl derjenige, der am meisten Gegenpressing sehen wollte. Eigentlich hing seine ganze Spielidee an dieser Art, Fußball zu spielen. Bei Ballbesitz wollte er den Ball so schnell wie möglich vorne haben. Das bedeutete meist einen langen Ball auf mich, worauf ich mich in den Zweikampf begab. Entweder gewann ich ihn, und dann spielten wir von dort aus weiter, oder ich verlor ihn, und dann war genau das der Moment für Gegenpressing. Das wurde dann zum Beispiel durch aufrückende Mittelfeldspieler ausgeführt. Es war mutiger Fußball, und gelegentlich wurde die Taktik auch gut und erfolgreich umgesetzt. Voraussetzung dafür ist, dass auch wirklich alle Spieler voll mitziehen.

Schmidt übte diese Art des Fußballspiels bei jedem Training, und zwar von der allerersten Stunde an. Bei jeder Übung mussten beide Mannschaften voll auf Gegenpressing spielen, ganz gleich, ob es um ein großes oder kleines Mannschaftsspiel ging, eine taktische Situation, die trainiert wurde. Ballverlust hieß immer, direkt umschalten, Druck ausüben. Es war eine feste Vereinbarung, den Ball innerhalb von fünf Sekunden zu erobern. In der Anfangsphase organisierte Schmidt viele Trainingsspiele, für die er dann konkrete Ziele formulierte, zum Beispiel den Ball pro Halbzeit mindestens 25-mal in der gegnerischen Hälfte erobern. Und das ist wirklich viel, das könnt ihr mir glauben! Aber es zeigte rasch Wirkung. Nach einer sechswöchigen

Vorbereitungszeit stand die neue Spielweise, und im ersten Bundesligaspiel der Saison führten wir gegen Borussia Dortmund bereits nach neun Sekunden 1:0.

> „WER HÄUFIG DRUCK AUSÜBEN UND GEGENPRESSING SPIELEN WILL, MUSS SPIELER HABEN, DIE KÖRPERLICH UND MENTAL AUCH DAZU IN DER LAGE SIND."

Diese Art, Fußball zu spielen und zu trainieren, hatte aber auch ernsthafte Nachteile. So entstand in unserem Spiel überhaupt keine Ruhe. Ein Aufbauspiel mit einem durchdachten Plan gab es bei uns in jener Zeit nicht. Ein weiterer Nachteil ist die Einseitigkeit dieser Taktik. Dadurch ist sie für die Spieler nicht nur körperlich, sondern auch mental schwer.

Ich hätte es sinnvoller gefunden, wenn beim Training etwas häufiger ein anderer Ansatz gewählt worden wäre: Die eine Mannschaft baut auf und versucht, zu Angriffen zu kommen, die andere bemüht sich, den Ball zu erobern. Damit entsteht etwas mehr Abwechslung bei der Aufgabenverteilung, und man trainiert nicht nur Gegenpressing, sondern auch das Aufbauspiel. So aber blieben wir zu abhängig vom langen Ball, das Spiel war oft unruhig, und nach anderthalb Jahren war das Aufbauspiel immer mehr in Vergessenheit geraten. Letztlich haben wir dadurch an Qualität verloren. Und indem wir den Ball in den eigenen Reihen hielten, konnten wir nie auch nur einen Moment verschnaufen, was zur Folge hatte, dass wir irgendwann im Spiel kaputt waren."

Ruhiges Gegenpressing

„Wenn ich Schmidts Spielweise mit der von Bayer Leverkusen unter Peter Bosz vergleiche, sehe ich trotz vieler Gemeinsamkeiten im Ansatz auch deutliche Unterschiede. Bosz baut in der Abwehr mehr Sicherheit ein, bei Schmidt mussten die Verteidiger noch weiter aufrücken, wodurch wir mit Raum im Rücken verwundbarer waren. Außerdem wechselt Bosz mehr ab. In einer bestimmten Phase des Spiels wird voll Druck ausgeübt, in einer anderen etwas weniger. Dadurch ist das Spiel ruhiger und kann länger durchgezogen werden.

Wer häufig Druck ausüben und Gegenpressing spielen will, muss Spieler haben, die körperlich und mental auch dazu in der Lage sind. Dann kann man Erfolg damit haben. Unter Peter Bosz ist Bayer Leverkusen oft häufiger und länger in Ballbesitz. Das merkt man auch beim Training. Da gibt es viel mehr Übungen, bei denen der Ballbesitz im Vordergrund steht, zum Beispiel Positionsspiele ohne Tore. Da geht es dann ausschließlich ums Ballhalten.

„IN DEN LETZTEN JAHREN HAT DER BEGRIFF GEGENPRESSING NATÜRLICH AN BEKANNTHEIT GEWONNEN. ABER AUCH DAVOR HATTE ICH SCHON TRAINER, DIE DIESES ELEMENT IN IHRE SPIELWEISE EINGEBAUT HABEN."

In den letzten Jahren hat der Begriff Gegenpressing natürlich an Bekanntheit gewonnen. Aber auch davor hatte ich schon Trainer, die dieses Element in ihre Spielweise eingebaut haben. Unter Bruno Labadia hatten wir eine gute Mischung aus Pressingmomenten und ruhigem Spielaufbau. Jupp Heynckes machte es weniger, der legte vor allem Wert auf eine gute Organisation und ließ mehr vom Umschalten aus spielen. Man darf das aber auch nicht schwarz-weiß sehen. Auch bei Heynckes gab es Momente oder sogar Spiele, in denen wir den Gegner direkt in seiner Hälfte unter Druck gesetzt haben, sowohl während seines Aufbauspiels als auch, wenn wir selbst den Ball in der gegnerischen Hälfte verloren haben."

Aufstellung

„Die Aufstellung, in der man spielt, hat sicher Einfluss darauf, wie sich Gegenpressing spielen lässt. Meiner Meinung nach funktioniert es am besten mit einer 1:4:2:4-Formation oder, wie man heute auch sagt, 1:4:2:2:2. Eine Viererkette hinten, eine Doppelsechs im Mittelfeld, die sich beim Angriff abwechseln kann, zwei Außen und zwei zentrale Stürmer. Bei Schmidt war das auch der Fall, und das hat sicher dazu beigetragen, dass wir unter ihm erfolgreich Gegenpressing gespielt haben.

Wird der Ball nach vorn gespielt, und man verliert ihn dort, entsteht eine 4-gegen-4-Konstellation (vier aufbauende Verteidiger gegen vier Angreifer). Der Gegner muss dann erst mal ein Mittel finden, um da durchzukommen, wenn die vier Angreifer mit Mittelfeldspielern im Rücken voll pressen. Hat man dort einen Mann weniger zur Verfügung (also drei Angreifer gegen vier aufbauende Verteidiger), müssen die Mittelfeldspieler mehr laufen, was dem Gegner vielleicht genau die paar Sekunden extra verschafft, um in Ballbesitz zu bleiben.

Ich finde, man sollte immer aus einer guten Organisation heraus pressen. Deshalb halte ich nicht viel davon, nach einem Rückpass zum Torwart Druck auszuüben. Schließlich müssen in dem Fall all unsere Spieler aufrücken, und dann sieht man oft, dass nach einem weiten Abstoß des Torwarts die Organisation der pressenden Mannschaft auseinanderfällt, weil alles nach vorn läuft und durcheinandergerät. Genau das kann der Gegner dann ausnutzen.

„SOLLTE ICH IRGENDWANN MAL TRAINER SEIN, NIMMT GEGENPRESSING SICHER EINE WICHTIGE ROLLE IN MEINER SPIELWEISE EIN, ABER DANN MIT PHASEN, IN DENEN WIR AUCH RUHIGEREN FUSSBALL SPIELEN."

Viel geeigneter ist meines Erachtens der Moment, wenn zum Beispiel der gegnerische Sechser angespielt wird oder ein Angreifer. Es ist dann einfach, diesen Spieler zu umzingeln, sodass er in keine Richtung mehr kann. Will man früher Druck ausüben, ziehe ich den Moment vor, in dem ein Flügelverteidiger angespielt wird. Für den pressenden Angreifer geht es dann darum, dafür zu sorgen, dass er nicht ausgespielt wird und dass der ballführende Spieler den Ball nur entlang der Seitenlinie nach vorn spielen kann. Unter allen Umständen gilt es zu verhindern, dass er nach innen kommen und ein Flügelwechsel stattfinden kann. Denn dann ist dein ganzer Druck ausgespielt, und du musst viel laufen.

In konditioneller Hinsicht sollte man nicht versuchen, neunzig Minuten ununterbrochen Gegenpressing zu spielen. Stattdessen ist es besser, zum Beispiel zehn Minuten Vollgas zu geben und sich anschließend zehn Minuten zurückfallen zu lassen und zu sagen: Jetzt spielen wir auf Konter.

Sicher, es ist nicht einfach, denn natürlich gibt es einen Gegner, der auch einen Plan hat. Damit umgehen zu können und für einen Wechsel zwischen vollem Pressing und Ballhalten zu sorgen, ist für mich die ideale Mischung. Ich bin noch kein Trainer, auch wenn es mich ab und zu schon mal juckt. Sollte ich irgendwann mal einer sein, nimmt Gegenpressing sicher eine wichtige Rolle in meiner Spielweise ein, aber dann mit Phasen, in denen wir auch ruhigeren Fußball spielen."

Gegenpressing und fußballspezifische Kondition

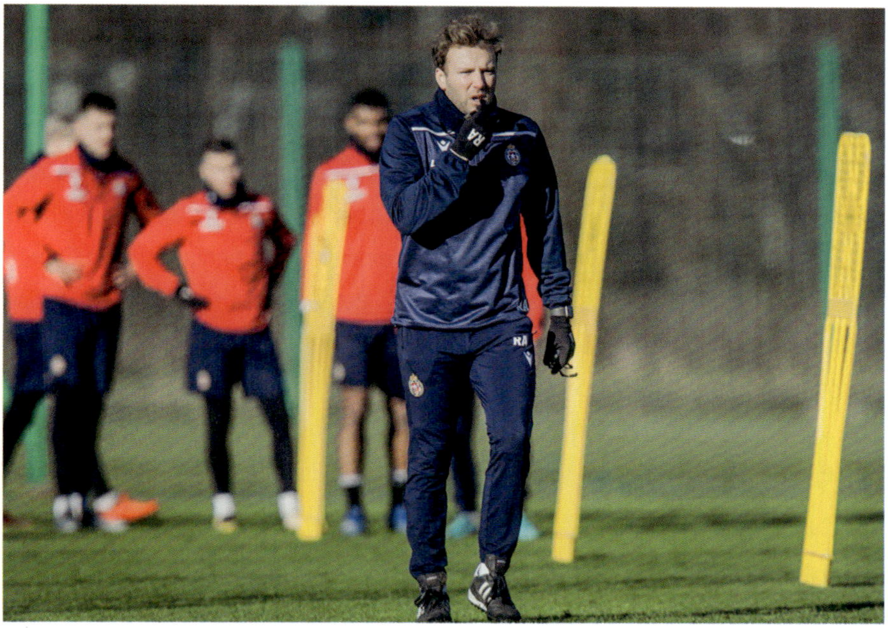

Robin Adriaenssen in Aktion. Foto: Bartek Ziółkowski, 400mm Agency

Während Peter Hyballas Amtszeit bei NAC Breda war Robin Adriaenssen dort Konditionstrainer und auch bei Wisla Krakau in Polen ist er Hyballas Fitnesscoach. Der gebürtige Belgier hat in der Vergangenheit auch als Fußballtrainer gearbeitet (UEFA-A-Diplom). Unter anderem war er bei Sporting Lokeren für das Konditionstraining der ersten Mannschaft zuständig. Zudem ist er Autor von *Over spel. Voetbal is beter dan seks*, einem Mitmachbuch, in dem fünf Experten (Coach, Konditionstrainer, Arzt, Physiotherapeut und Chiropraktiker) ihr Wissen über aktuelle Fragestellungen zum Thema Konditionstraining teilen.

Jedem der zehn Kapitel ist ein Porträt, unter anderem über die beiden Toptrainer Peter Maes und Francky Dury, vorangestellt. Im Folgenden blickt Adriaenssen auf seine Zusammenarbeit mit Hyballa, insbesondere im Hinblick auf den Zusammenhang zwischen Gegenpressing und fußballspezifischer Kondition, zurück.

Erste Bekanntschaft

Wie war deine erste Bekanntschaft mit Peter Hyballas Gegenpressing?

„PETER LÄSST SICH AM BESTEN MIT EINER KOMBINATION AUS SONNENKOLLEKTOR UND WINDKRAFTANLAGE VERGLEICHEN."

„Wie Peter Hyballa als Trainer ist, wofür er als Mensch steht, erfährt man schnell, wenn man zum ersten Mal mit ihm den Trainingsplatz betritt. Von der ersten Sekunde an verlangt er Professionalität und hundertprozentigen Einsatz, sowohl von seinen Spielern als auch von seinen Mitarbeitern. Wer mit Peters Gegenpressing Erfolg haben will, braucht mit halber Kraft gar nicht erst anzufangen. Es ist unmöglich, meine erste Bekanntschaft mit Gegenpressing von meiner ersten Bekanntschaft mit Peter zu trennen. Nicht nur seine Fußballprinzipien machen für mich den Unterschied aus, sondern vor allem seine Persönlichkeit, das ständige Streben nach Verbesserung, das ihn antreibt. Peter lässt sich am besten mit einer Kombination aus Sonnenkollektor und Windkraftanlage vergleichen, so auffallend ist seine Gabe, enorm viel Energie in sich zu erzeugen.

Zunächst war es für mich wichtig, der neuen Arbeitsweise offen gegenüberzustehen. Ohne Offenheit kein Vertrauen und ohne Vertrauen keine Ergebnisse. Was mich in den ersten Tagen unserer Zusammenarbeit am meisten ansprach, war die Trainingsintensität. Dort, wo viele von uns den Spielern eine Pause gewähren, verordnet Peter belastungsintensive Übungen: Push-ups, Skippings, Jumps, Sprints und anderes mehr. Derartige, zwischen Fußballübungen eingestreute Fitnessübungen, gehören bei Peter zum täglichen Programm. Dadurch bleibt die Intensität kontinuierlich hoch. Genau das will Peter ja auch im Wettkampf erreichen: hohes Tempo während der gesamten Spieldauer."

Basiskondition

„In Belgien habe ich mich in den vergangenen Jahren mit vielen Fachleuten aus den Team- und Individualsportarten über das Thema ‚Trainingsbegleitung im konditionellen Bereich' unterhalten. In Gesprächen mit Betreuern von Individualsportlern wurde ein Aspekt immer wieder nachdrücklich betont: ohne gute Basiskondition kein maximaler Ertrag. Auch wenn sich diese Maxime beim Teamsport Fußball nicht immer einfach verkaufen lässt, bin ich davon überzeugt, dass sich daraus wichtige

Lehren ziehen lassen. Wer in anderthalb Stunden zehn bis vierzehn Kilometer inklusive Rhythmusänderungen zurückgelegt, muss einfach eine sehr gute Basiskondition haben, und zwar aus zwei Gründen.

„ES HAT NICHT DEN GERINGSTEN SINN, AN EINEM WOCHENPLAN FESTZUHALTEN, WENN EINEM DAS GEFÜHL SAGT, DER TANK IST GERADE LEER."

Zum einen geht es um die Regeneration. Schwere Belastungen ohne ausreichende Erholung mindern die Basiskondition. Ein Fußballer, der nicht in Form ist und keine Basiskondition hat, aber Spiele absolvieren muss, wird nur noch schlechter. Eine gute Basiskondition ist das Fundament, damit ein voller Spielplan verkraftet werden kann. Ein weiterer wichtiger Faktor ist die Verletzungsprävention. Ein Sportler, der sich ohne gute Basiskondition immer wieder schweren Belastungen aussetzt, verletzt sich viel schneller, das Risiko für Muskelschäden und Überlastungssyndrome steigt.

Es ist richtig, Jahres-, Monats- und Wochenpläne zu erstellen, doch die Realität ist etwas komplizierter. Durch ständig wechselnde Bedingungen muss das Programm laufend angepasst werden. Wie reagiert die Mannschaft auf bestimmte Reize? Wie sah es mit der körperlichen ‚Bereitschaft' während des Spiels aus? Vielleicht ist ein Spieler ja gerade Vater geworden und leidet unter Schlafmangel. All diese Dinge gilt es zu berücksichtigen, wenn man Entscheidungen hinsichtlich des Trainingsplans trifft.

Ich glaube nicht an feste Programme, beispielsweise zwei Serien à 4 x 4 Minuten mit zwei Minuten Pause zwischen den Belastungsintervallen. Für manche Trainer mag das passen, für mich nicht. Woran ich glaube, sind tägliches Monitoring und wechselnde Trainingsreize. Wie kommen unsere Spieler morgens im Club an, welche Trainingsreize geben wir ihnen, und mit wem können wir eventuell noch ein bisschen mehr machen? Das, zusammen mit dem Livemonitoring auf dem Trainingsplatz, ergibt eine ausgezeichnete Arbeitsgrundlage. Dafür muss man als Coach allerdings sehr flexibel sein. Selbst während des Trainings kann noch gemeinsam beschlossen werden, den Plan anzupassen. In den meisten Fällen bedeutet es, länger weiterzumachen. Es ist utopisch, zu denken, ohne viel Training könne man der Beste werden.

Es hat nicht den geringsten Sinn, an einem Wochenplan festzuhalten, wenn einem das Gefühl sagt, der Tank ist gerade leer. Peter ist ein Meister darin, solche Situationen zu erkennen. Und dann kann es schon mal vorkommen, dass er, wenn irgend möglich, den Spielern ganz plötzlich einen Tag extra freigibt. Der Fußball ist eine leistungsorientierte Welt, in der es auch wichtig ist, mental zur Ruhe zu kommen. Trainer konzentrieren sich oft auf die taktischen, technischen und physischen Facetten. Das ist aber nur der erste Schritt. Wie begleite ich die Spieler auf mentaler Ebene, welche Struktur können wir ihnen als Verein bieten, damit sie maximale Leistungen bringen, wie helfen wir ihnen bei ihrem Lifestyle? Berücksichtigt man auch diese Aspekte, kann man wirklich Großes leisten."

Entwicklung fußballspezifischer Kondition

Sie trainieren mit Herzfrequenzmessern. Sehen Sie bei den Spielern eine Verbesserung der fußballspezifischen Kondition, wenn sie häufig Gegenpressing trainieren?

„Ich finde es wichtig, möglichst oft beim Training dabei zu sein. Wenn ich anhand meiner Beobachtungen besser verstehe, welche Spielweise der Trainer sehen möchte, kann ich bei den Sportlern auch die optimalen körperlichen Voraussetzungen dafür schaffen. Wo ein Trainer hinwill, lässt sich nicht von GPS-Daten oder Herzfrequenzmessungen ablesen. Genauso wenig, wie es möglich ist, nur anhand objektiver Daten zu beurteilen, ob ein Training gut oder schlecht war. Auch deshalb habe ich das UEFA-A-Diplom gemacht, um alles in einen größeren Zusammenhang einordnen zu können.

Herzfrequenzmesser lassen sich nicht nur zur Intensitätskontrolle, sondern auch zur Überwachung der Regenerationsfähigkeit einsetzen. Eine gute Basiskondition bedeutet auch ein besseres Regenerationsvermögen, mit dem sich die Spieler zwischen den verschiedenen Belastungen schneller erholen können. Und je besser die Regeneration, desto mehr Ball- und Laufaktionen sind innerhalb einer bestimmten Zeitspanne möglich. Gerade beim Gegenpressing, bei dem es ständig zu kurzen, explosiven Aktionen kommt, ist eine schnelle Regeneration äußerst wichtig. Die beiden unten stehenden Abbildungen zeigen das durchschnittliche Regenerationsvermögen der Spieler des NAC Breda nach dem ersten Training unter Peter Hyballa im Vergleich zum letzten Training unter ihm."

Dabei wurde folgende Skala verwendet:

- Schlecht: weniger als 20 Schläge pro Minute
- Mangelhaft: 20-29 Schläge pro Minute
- Ausreichend: 30-39 Schläge pro Minute
- Gut: 40-49 Schläge pro Minute
- Sehr gut: mehr als 49 Schläge pro Minute

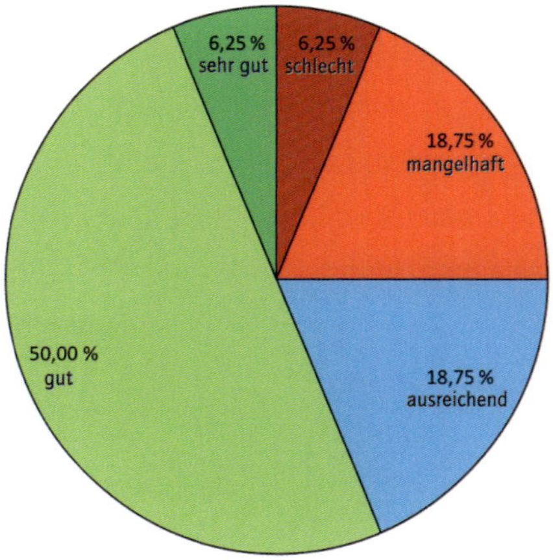

Erstes Training unter Peter Hyballa

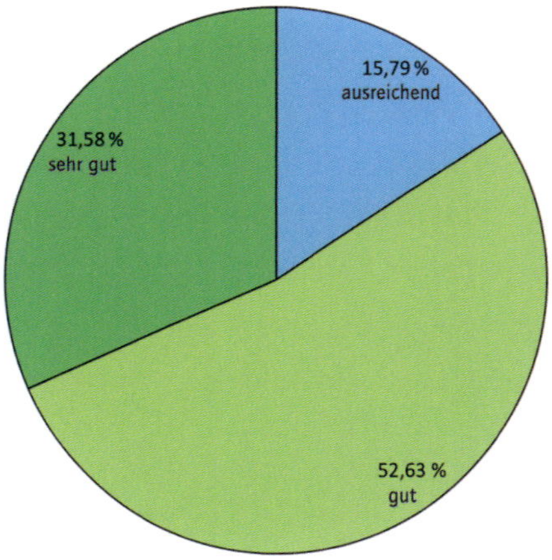

Letztes Training unter Peter Hyballa

Wettkampfdaten

„In der Spielzeit 2017-2018 habe ich für alle belgischen Erstligaclubs folgende vier Parameter untersucht:

- Gesamtstrecke
- Strecke +15 km/h
- Strecke zwischen 20-25 km/h
- Strecke +25 km/h

Hiermit konnte ich belegen, dass mein damaliger Club Sporting Lokeren eine deutlich größere Chance auf einen Punktgewinn hatte, wenn er den Mittelwert aller Clubs übertraf. Oder andersherum: In dem Spiel, in dem Lokeren Punkte holte, lag die Mannschaft bei den vier oben genannten Parametern deutlich über dem Durchschnitt. Die Daten waren objektiv, auch wenn man sie relativieren muss. Es gibt keinen direkten Zusammenhang zwischen diesem Ranking auf der Grundlage physischer Parameter und dem Tabellenstand (s. Abbildungen)."

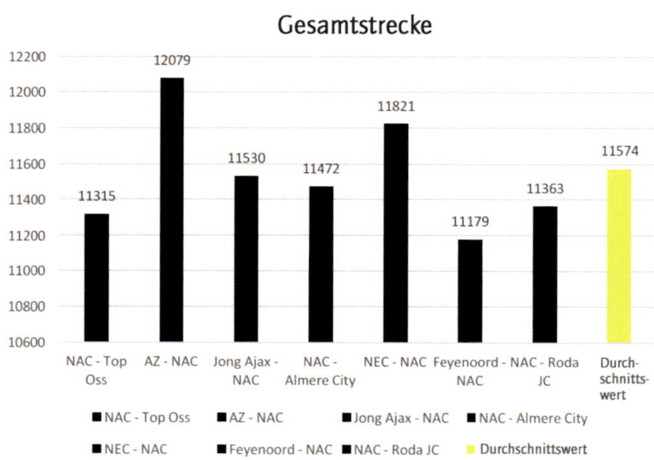

Der Durchschnittswert der letzten sechs Spiele ist um 2,29 % gegenüber dem ersten Spiel unter Peter Hyballa gestiegen.

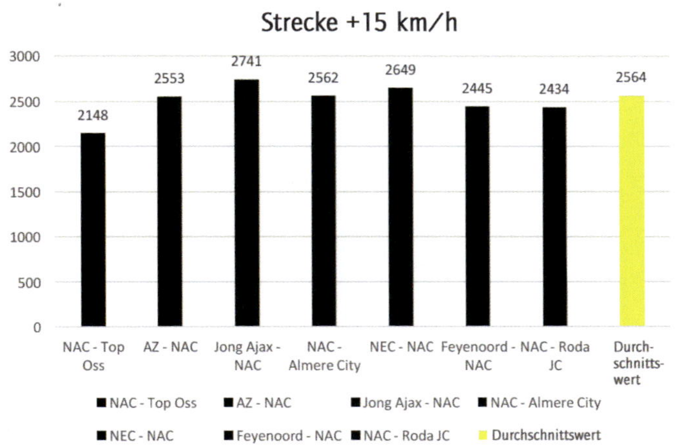

Strecke +15 km/h:

Der Durchschnittswert der letzten sechs Spiele ist um 19,37 % gegenüber dem ersten Spiel unter Peter Hyballa gestiegen.

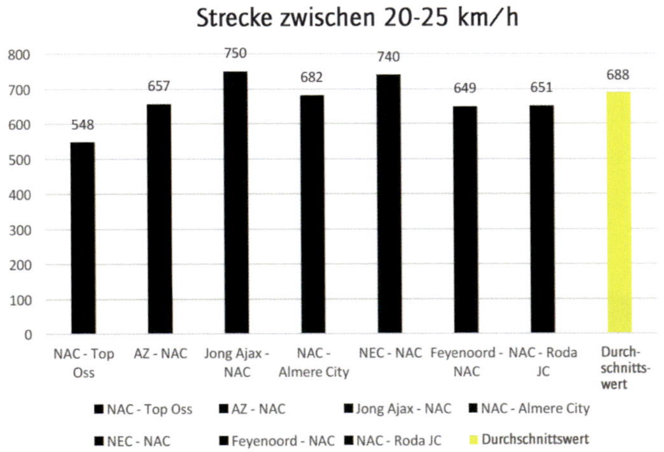

Strecke zwischen 20-25 km/h:

Der Durchschnittswert der letzten sechs Spiele ist um 25,55 % gegenüber dem ersten Spiel unter Peter Hyballa gestiegen.

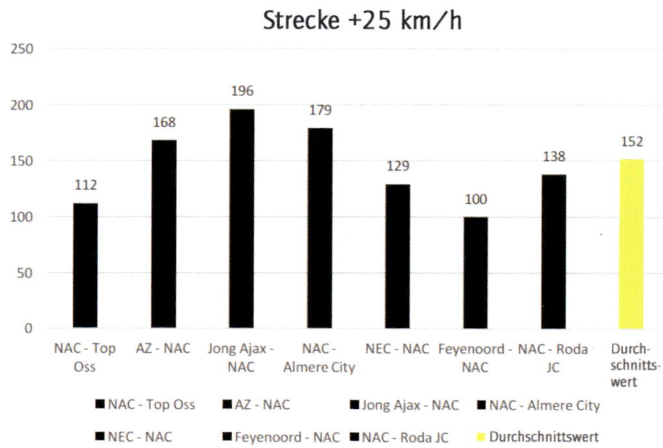

Strecke +25 km/h:

Der Durchschnittswert der letzten sechs Spiele ist um 35,71 % gegenüber dem ersten Spiel unter Peter Hyballa gestiegen.

Konditionstest

„In den zwei unten stehenden Abbildungen sind die Mannschaftsergebnisse der beiden YOYO-Tests zu sehen, die zu Beginn und am Ende der Spielzeit durchgeführt wurden. Sie lassen sich getrost als verblüffend bezeichnen: Am Ende der Spielzeit fiel der konditionelle Zustand von nicht weniger als 78,95 % der Mannschaft in die Kategorie ‚sehr gut'."

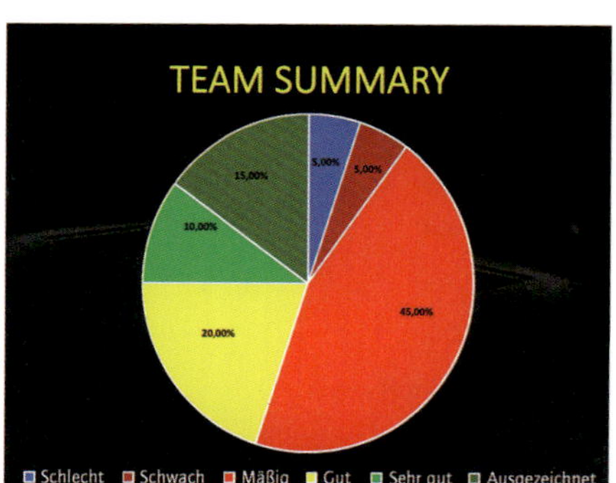

Maximaler YOYO-Test, durchgeführt am 10. Juli 2019

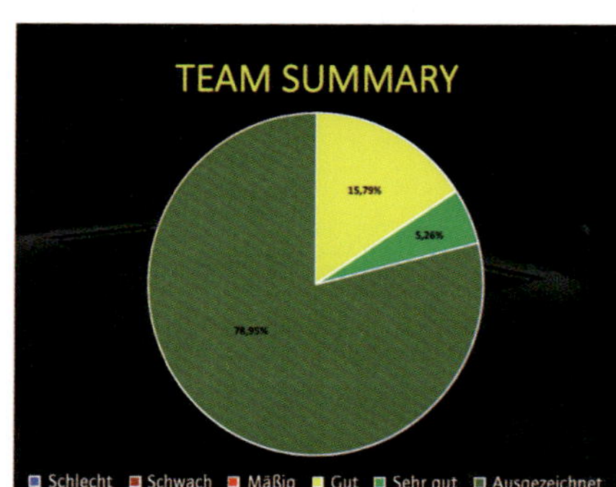

Maximaler YOYO-Test, durchgeführt am 15. Juni 2020

Danksagungen

Mein Dank gilt all jenen, die in irgendeiner Form zur Entstehung dieses Buchs beigetragen haben: Robin Adriaenssen, Maik Drzensla, Willy Kaspers, Stefan Kießling, Peter Schreiner, Alex Zorniger und Jelmer de Zwart. Ferner möchte ich mich beim Autor Paul Geerars (Chefredakteur der Fachzeitschrift *De Voetbaltrainer*) für die vielen interessanten Gespräche bedanken, die wir geführt haben, um der wunderbaren Gegenpressingwelt Struktur zu verleihen. Das Ergebnis – unter anderem dieses schöne und praktische Buch für jeden Fußballtrainer – ist alle Mühen wert gewesen!

Peter Hyballa

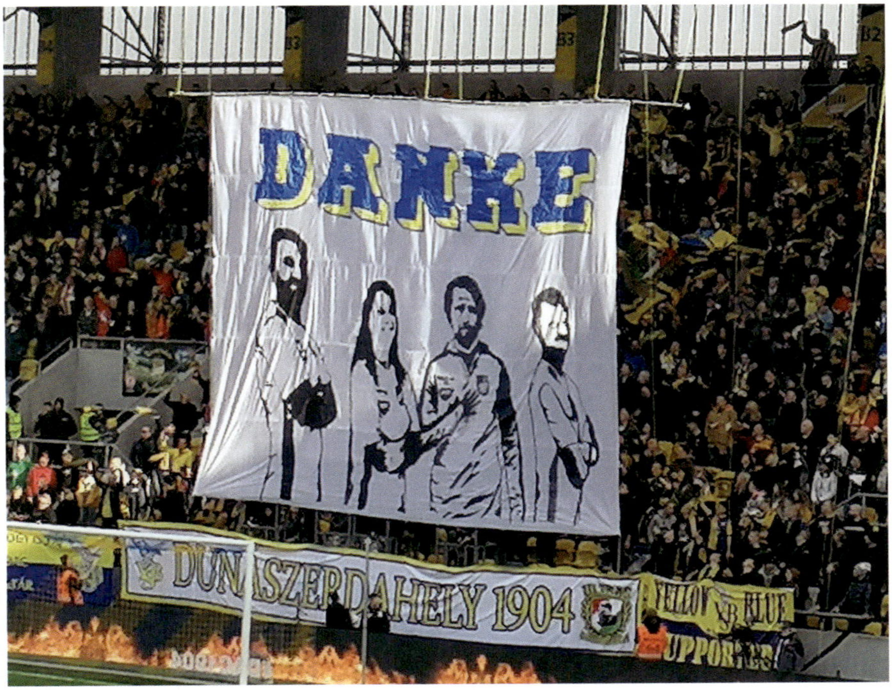

Foto: privat. Peter Hyballa (hier auf dem Banner mit seinem deutschen Mitarbeiterstab) wurde beim slowakischen Club DAC 1904 (2018-2020) Mister Gegenpressing genannt. Die Fans liebten seine Spielweise, und zudem wurde auch noch ein Punkterekord in der Vereinsgeschichte erzielt.

Peter Hyballas Trainerkarriere

1993-1996	Borussia Bocholt (Jugend)
1996-1998	1. FC Bocholt (Jugend)
1998-1999	SC Münster 08 (Jugend)
1999-2001	Preußen Münster (Jugend)
2000-2001	Preußen Münster (Co-Trainer)
2001-2002	Arminia Bielefeld (Jugend)
2002-2003	Namibia Ramblers Windhoek
2004-2007	VfL Wolfsburg (Jugend)
2007–2010	Borussia Dortmund (Jugend)
2010-2011	Alemannia Aachen
2012	Red Bull Salzburg (Jugend)
2012-2013	Sturm Graz
2014	Bayer Leverkusen (Interims-Co-Trainer)
2014-2016	Bayer Leverkusen (Jugend)
2016-2017	NEC Nijmegen
2018	DFB (Trainerausbilder)
2018-2020	DAC 1904
2020	NAC Breda
Ab 2020	Wisla Krakau

Peter Hyballa studierte an der Universität Münster Sportwissenschaften, Psychologie und Pädagogik. Seine Magisterarbeit (2003) trug den Titel *Niederländische Talentförderung im Fußball.*

2005 erwarb er an der deutschen Sporthochschule Köln beim DFB die UEFA Pro Trainerlizenz.

Zudem gibt er weltweit Trainerworkshops. Er besitzt auch eine eigene Coaching-Kolumne in der niederländischen Trainerfachzeitschrift *De Voetbaltrainer.*

Er ist Mitglied im deutschen (BDFL) und niederländischen Trainerverband (CBV) und arbeitet als Fußballexperte für das deutsche und niederländische Fernsehen!

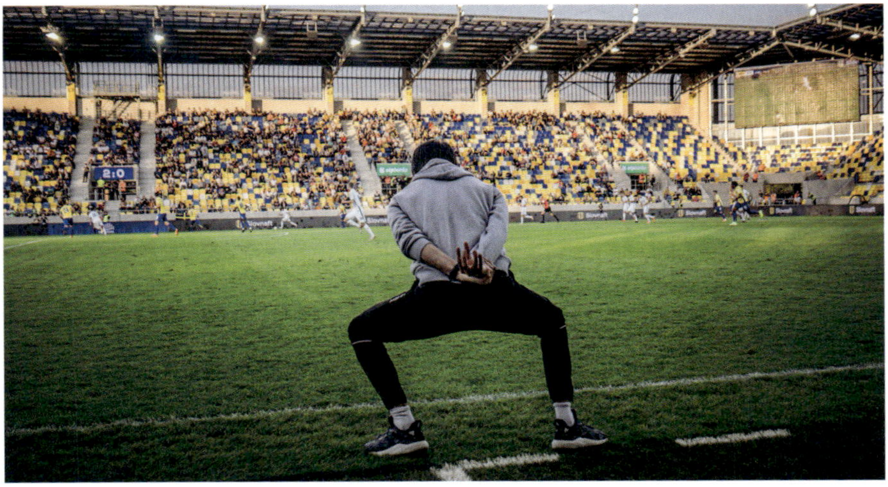

Foto: Ernö Lelkes

Homepages:

www.peterhyballa.org

www.hyballa-coaching.de

https://www.ifj96.de/lp/gegenpressing/index.html

https://www.voetbaltrainer.nl/gegenpressing/

Bildnachweis

Covermotiv:	Ernö Lelkes
Covergestaltung:	Katerina Georgieva
Innenlayout:	Katerina Georgieva
Satz:	Anja Elsen
Lektorat:	Dr. Irmgard Jaeger
Grafiken:	Alle Grafiken zu den Trainingsformen wurden mit easy Sports-Graphics (www.easy-sport-software.com) erstellt.
Fotos Innenteil:	S. 10: Hyballa
	S. 18, 137: Ernö Lelkes
	S. 33, 122: Pro Shots
	S. 46: Hyballa
	S. 48: De Voetbaltrainer
	S. 116: Michal Stawowiak/400mm Agency
	S. 117: De Voetbaltrainer
	S. 127: Bartek Ziółkowski, 400mm Agency
	S. 135: privat

Abonnieren Sie unseren kostenlosen Newsletter unter **www.dersportverlag.de**

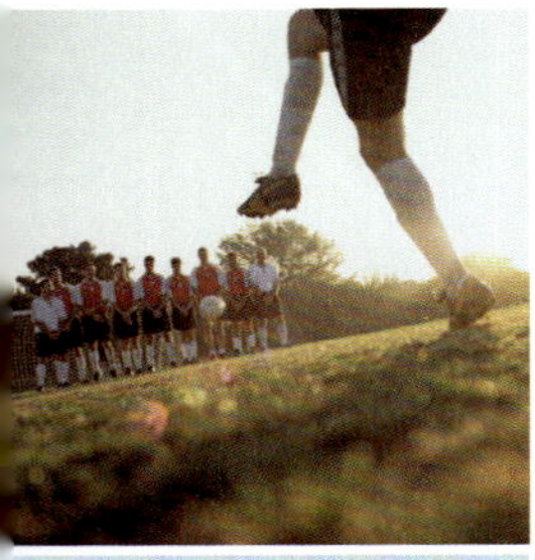

SO VERBESSERN SIE IHRE SPIELINTELLIGENZ

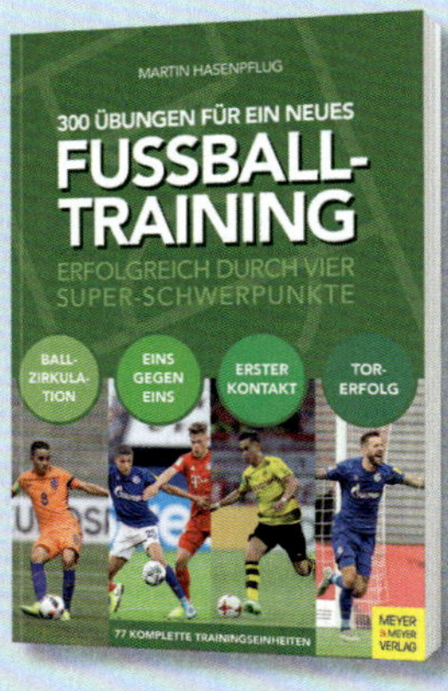

ISBN: 978-3-8403-7704-4
€ [D] 25,00/€ [A] 25,70

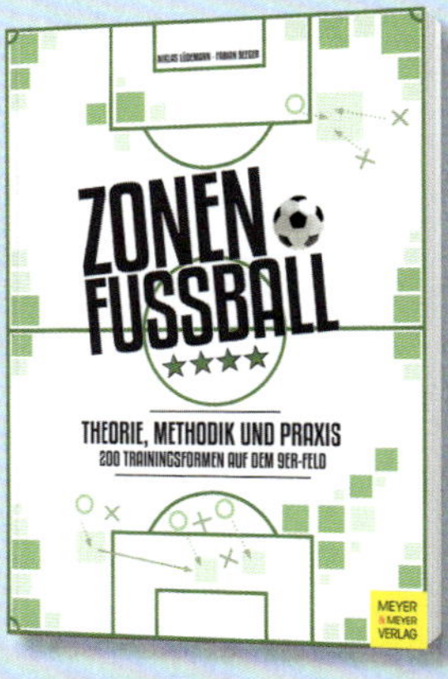

ISBN: 978-3-8403-7720-4
€ [D] 32,00/€ [A] 32,90

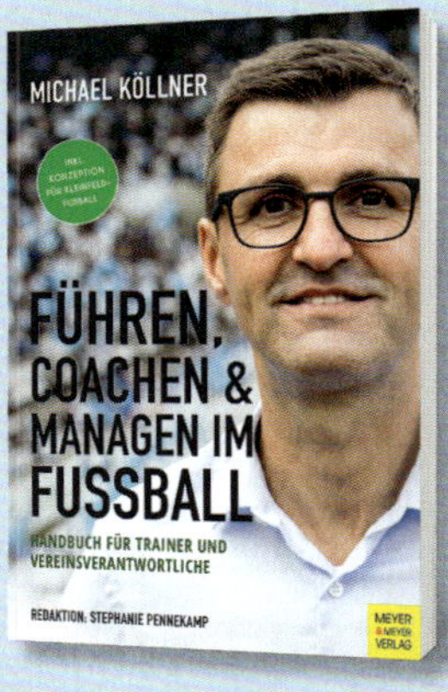

ISBN: 978-3-8403-7715-0
€ [D] 24,00/€ [A] 24,70

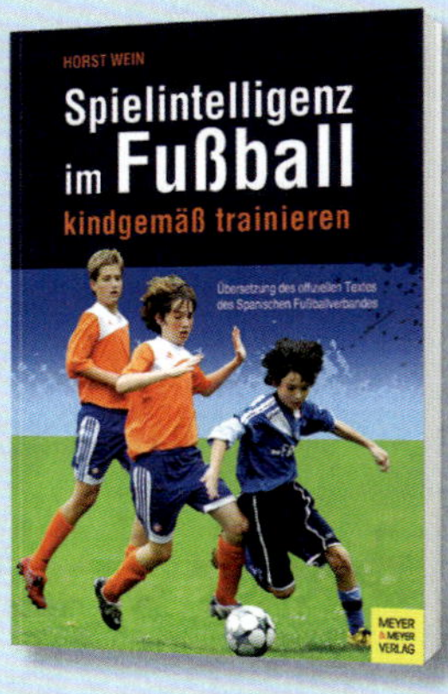

ISBN: 978-3-89899-946-5
€ [D] 24,95/€ [A] 25,70